股票发行注册制下的
信息披露法律问题研究

廖原　著

WUHAN UNIVERSITY PRESS
武汉大学出版社

图书在版编目(CIP)数据

股票发行注册制下的信息披露法律问题研究/廖原著.—武汉：武汉大学出版社,2019.8
ISBN 978-7-307-21079-0

Ⅰ.股⋯　Ⅱ.廖⋯　Ⅲ.股票发行—证券法—司法制度—体制改革—研究—中国　Ⅳ.D922.287.4

中国版本图书馆 CIP 数据核字(2019)第 162654 号

责任编辑:陈　帆　　　责任校对:汪欣怡　　　整体设计:马　佳

出版发行:**武汉大学出版社**　　(430072　武昌　珞珈山)
　　　　　(电子邮箱:cbs22@whu.edu.cn　网址:www.wdp.com.cn)
印刷:广东虎彩云印刷有限公司
开本:720×1000　1/16　印张:12.5　字数:174千字　插页:1
版次:2019年8月第1版　　2019年8月第1次印刷
ISBN 978-7-307-21079-0　　定价:39.00元

目　录

绪　　论

一、研 究 意 义

　　资本市场是以单位交易为节点而形成的涉众性资本流通网络，交易安全与交易便捷交叉影响着资本流通效率，因而市场繁荣和发展的根基在于诚信。在实践经验与理论悖论承前继后的历史演进中，信息披露制度凭借着自身的优势逐渐进入证券发行监管一线领域，并且在应用层面得到了立法者的青睐和交易人的默许。其中，信息披露的法律强制化部分是私法自治的例外，它在很大程度上保证了证券市场的基础诚信度，另一部分自愿信息披露则成为交易双方在价格发现机制中的谈判筹码，可以随着融资规模与投资人素质的不同而作出适时调整。① 股票发行注册制的演进，从 2013 年 11 月 12 日十八届三中全会《中共中央关于全面深化改革若干重大问题的决定》首次在文件中明确指出"推行股票发行注册制改革"，到 2014 年 5 月 8 日国务院发布《关于进一步促进资本市场健康发展的若干意见》"积极稳妥推进股票发行注册制改革"的意见，到 2015 年 4 月十二届全国人大常委会第十四次会议审议《中华人民共和国证券法》（以下简称《证券法》）修订草案，初步勾画了股

---

① 廖志敏，陈晓芳. 强制披露理论依据之批评［M］//吴志攀，白建军. 弱冠临风. 上海：上海三联书店，2013：267.

票发行注册制的规则框架。2014 年 12 月，全国人大常委会决定授权国务院调整现行《证券法》关于股票核准制的规定，对注册制改革的具体制度作出安排。由此股票发行注册制正式进入具体制度设计和实施阶段。李克强总理在政府工作报告中提出"要落实股票发行注册制"。2016 年 5 月至 2016 年 5 月中国 A 股市场市值蒸发几十万亿，超过全国所有高铁的修建成本。当年，十三五规划纲要（2016—2020）提出"创造条件推行股票发行注册制"。2018 年，习近平主席在首届中国进口博览会上宣布"将在上海证券交易所设立科创板并试点注册制"。进而，因势利导地研究和改良信息披露法律框架具有十分重要的现实意义。可以说，研究证券发行信息披露法律制度问题的过程，就是揭开证券发行金融监管核心问题的过程。并且，信息披露的研究涉及诸多研究节点，而每个小问题的发现与论证都为金融监管改革与资本市场的繁荣稳定提供了积极意义。

信息披露制度在改革研究进程中囊括了诸多具有研究价值的理论与实践问题，分别反映在法律制度改革、法学理论研究以及法律实证分析三个层面中。

其一，以信息披露为中心的股票发行注册制在法律制度改革中涉及的四个研究方向包括：社会制度改革、股票发行制度、证券监管制度、投资者保护，并且纵向延伸至诸多具体研究节点。在社会制度改革方面：对法律制度、经济制度和政治动因进行了关系梳理与交叉分析。如法律制度方面的研究节点包括：在进行《证券法》修订与两年内进行注册制改革过渡时期安排的法律背景下，如何解决注册制信息披露在过渡时期出现的适应性问题，如投资者适应性、信息监管格局权力分配以及注册制信息披露的配套制度问题，以及在比较研究中对中美信息披露监管差异与法律制度架构进行全面梳理。经济制度方面的研究节点包括：国内金融市场环境不稳定，系统性风险依然存在，构建多层次资本市场体系与解决中小企业新兴行业融资的关系，经济学实证观点列举出的发行人进行信息披露的决定机理，引入信息披露成本效益分析理论来

2

规范设计注册制信息披露的内容结构等问题。政治动因方面的研究节点包括：全面深化改革；推进新股发行注册制改革的政策背景；以市场化导向为基础，如何区别行政监管与法律监管的界限标准；在多层次资本市场环境中加强交易所信息审核功能；为资本市场培育优质上市资源并建立证券系统内部自上而下的信息监管差序格局。在股票发行制度方面：主要明晰了核准制与注册制之争，实质审核与形式审核、证监会发审委与美国证交会的信息审核比较研究。研究认为，简单地将核准制与注册制二元分过于狭隘，阻止公司上市的方式有很多，而注册制的真正意义在于解决中小企业融资难的问题，进而对于核准方式的争辩延伸至信息审查方式的取舍，在制度层面下具体的形式审查与实质审查是进行信息披露监管的关键环节。而比较研究发现，主要国家和地区的证券信息监管都没有完全放弃实质审核。以还原美国双重注册制法律全貌为契机，了解到美国联邦层面的证交会信息监管是建立在各州实质审核基础之上。在证券监管制度方面：主要对放松管制与加强管制、事中与事后监管、中国证监会与交易所监管格局权力分配、信息披露违规等方面进行了研究。首先，在金融监管政策与社会经济发展的律动性研究方面发现：每当社会经济运行处于上升时期，金融监管政策就处于宽松状态以保证经济稳定上行；而当遇到股市崩盘、次贷危机、大公司财务造假丑闻事件后，监管者又会迫于行动压力而出台严格的监管政策以行政干预来代替法律机制失灵从而进行经济的宏观调控。信息监管的政策也符合这一逻辑规律，在比较研究中美信息披露监管机制之后，发现美国对信息监管的法律措施为事前针对"缺陷"问题反复提问，事中事后以集团诉讼制度和高额罚金制度来威慑证券欺诈者。然而这种模式对于政治地缘关系不同的我国来说并不符合国情，我国在信息披露违规监管方面体现出行政处罚执行难、民事诉讼途径不畅以及刑事诉讼处罚过低的三大症结。而美国的集团诉讼制度虽然提起率高但是赔付率低下，我国民事诉讼情况却恰恰相反，而遏制我国证券欺诈违法情形的有力手段则是司法工作人员切实地执行法律。在投资者保护方面：这一直都是各国证券监管层面努力的方向，而反映在注册制信息披露的领域则是改革过渡时期问题的集中体现，包括我国投资者非理性行为的总体情况分析、反向监管、合格投资人区别等问题。在投资者非理性行为中，引入期望理论观点、行为经济学观点来分析投资者对信息处理能力的偏差和信息披露引导投资者逻辑的环节缺陷，借助"反向监管投资者"理论来设计投资者监管框架，将投资者按照投资金额等级来划分投资级别的预想引入注册制信息披露制度设计框架中，通过多层次的分级管理来保障投资者的风险与利益制衡。

其二，研究信息披露在法学理论方面也涉及了诸多的学术观点，对信息披露的法学理论创新具有重要意义。在法学理论方面：对信息不对称理论与强制信息披露的影响关系强弱进行了质疑，认为信息不对称理论不足以推动信息披露成为主流监管手段，信息披露能够有效促进股票交易才是发行人进行披露的主要动因，而信息披露将部分执法手段外部化也是得到立法者青睐的部分原因之一，因为在管制与成本之间找到了平衡。另外，对于有效市场假说理论也引发了质疑，由于注册制对信息披露的质量要求很高，在有效市场假说理论中信息披露在真空运行中可以排除不良环境因素的干扰，因此逻辑链条受到挑战，最明显的实例就是改革过渡时期投资者的信息接受与处理能力的低下无法满足高质量信息披露要求，而证券欺诈横行的资本市场也无法与有效市场假说理论描述的那个理想环境对应，进而引进新理论来解释现存问题。包括引入成本效益分析理论来研究发行人进行信息披露生产与股权融资成本的关系，从这个角度出发更加符合市场化导向，对信息披露内容结构的调整可以有效降低合规成本，增加融资效益。引入行为经济学来研究投资者对过量信息披露的非理性行为偏差，可以更加深刻地认识到市场环境和投资者素质对于改革设置的屏障以及信息披露引导投资导向的逻辑在各环节中出现的问题。① 为了还原域外法制的全貌，并更加合理地设计我国本土化注册制信息披露制度研究路径，引入社会网络分析理论来比较

---

① 弗郎切斯科·帕里西，弗农·史密斯.非理性行为的法和经济学［J］.比较，2005（21）：113.

研究中美信息披露监管问题的差异化，区别对待不同地缘文化政治制度环境下的法律制度改革。最后，由于信息披露监管的涉众性和多样性，引入证券法竞争规则来预设多层次信息披露监管的交易所差序竞争格局，使不同规模与资质的交易主体实现收益最大化。

其三，在法律实证分析方面进行了三项实证研究。首先，是通过Citespace 信息图谱可视化软件与中国知网 CNKI 数据库进行对接，以"注册制信息披露"为主题，对近十年相关 CSSCI 主题文献进行检索和归纳分析，找到以此为主旨的国内法学界研究热点与最新发展趋势，并以此作为文献研究的起点和始发路径。其次，是在信息披露违规处罚案件方面的实证研究，以中国证监会行政处罚委员会 2014 年 1 月—2019年 7 月官方公布的行政处罚决定书与市场禁入决定书为研究样本，对信息披露违规案件的收案数、处罚对象、处罚金额进行了统计，并对几类典型的证券欺诈违法案件进行了梳理，以信息披露违规（含虚假陈述）、内幕交易、操纵市场、非法证券经营为主要类型，在实证中发现了我国证券监管执法的乏力与证券欺诈违法成本过低的事实。最后，为了更加清晰地了解我国证券市场环境和投资者素质的实际情况，借助Wind 金融资讯终端对我国证券投资者结构进行了量化分析，发现我国投资者 A 股市值账户持有比例以中小投资者居绝大多数，在信息理解方面存在"阅读障碍"，这是股票发行注册制过渡时期适应性问题的症结表现之一。因此，通过对这些实证数据的统计与整理，我们可以了解到信息披露研究主题范围的广泛性与适应性障碍的客观现实，而实证研究的统计结果是我们进行理论分析的基础，并且使理论更加贴近现实生活，为法学研究添加助益。

二、研究现状与热点趋势

对国内外既有文献的研究现状梳理是进行注册制信息披露法律问题写作绕不开的文献研究起点，其具有两个层面的意义。首先，从认识论基础层面来说，分析国内研究数据和理论发展趋势，为注册制信息披露提供总体研究路径。其次，从方法论功能层面来看，以立足于国内研究现状为事实基础，对国外研究现状进行两方面的探究：（1）通过还原域外法制全貌来客观地进行比较研究；（2）对相关主题的法学理论观点进行筛选，引入新理论来解释现存的本土化证券监管症结，为注册制信息披露法律问题提供有益参考。

（一）国内研究现状

1. 数据来源与研究方法

笔者以"中国知网 CNKI"中的 CSSCI 核心期刊与硕博士学位论文数据库为数据来源，以"注册制信息披露"为主题词，对法学学科范围内的数据进行文献检索，时间范围为 2009—2019 年，共检索到相关文章 289 篇，通过对冗余信息的剔除和复查，筛选出研究样本 137 篇。可以判定所使用的研究样本能够基本涵盖 2009—2019 年十年研究主题的所有文献。

使用 Citespace 软件中的关键词聚类可视化功能，通过对法学领域内与注册制信息披露相关文献关键词信息的可视化处理，更加直观地展现出既有文献研究成果在此领域的关注热点，以及不同时间段集中研究热点的转变与发展趋势，以便对"注册制信息披露"问题的研究现状及演化路径进行了解，从而选择并决定本书的研究角度与方向。

2. 分析结果

通过对主题文献检索与聚类操作统计后，得出四项分析结果，分别为：（1）注册制信息披露主题文献时间计量分布结果。（2）注册制信息披露即有文献高频关键词分布结果。（3）2009—2019 年注册制信息披露研究热点聚类分布结果。（4）2009—2019 年注册制信息披露研究热点发展趋势结果。以下是对这四类实证分析结果的具体阐述：

"注册制信息披露" 主题文献时间分布分析：在中国知网 CSSCI 核心期刊和硕博士学位论文数据库中以 "注册制信息披露" 为主题，以 2009—2019 年为条件，搜索到的文献在不同年份中的情况具有参见图 0.1。

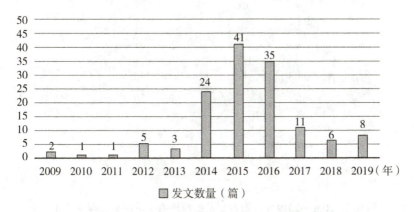

图 0.1　注册制信息披露主题文献时间计量分布图

2009 年至 2013 年文献数量较少并处于平稳状态，2013 年后文献数量激增，在 2014 年至 2016 年阶段呈现出井喷状态，这与 2013 年十八届三中全会提出 "股票发行注册制改革" 的政策有密切关系，相关法律文件也在这三年陆续出台。学界与司法界人士对注册制信息披露的相关制度建设和立法执法问题纷纷发表学术观点属于正常现象。但之后 2016 年的 A 股市场 "股灾" 的暴跌影响了股票发行注册制的推行，相关文献亦呈下降趋势，学界相关讨论大多停留在是否要尽快实施注册制的踟蹰之中。

历年研究热点与高频关键词分布分析，通过操作 Citespace 软件中 Keyword（关键词）节点检索功能，对研究样本进行热点词缀分析，得出研究结果详见图 0.2。

对高频关键词分布图谱分析可见：以 "注册制信息披露" 为主题的文献依据出现频次高低来显示聚类圈的大小状。以大小顺序观察关键

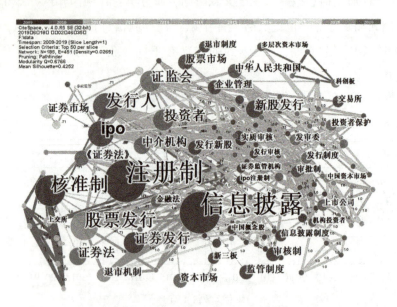

图 0.2　2009—2019 年注册制信息披露既有文献高频关键词分布图

词引用频次，可以看到图中"信息披露""注册制""核准制""股票发行""证券发行""发行人""投资者""IPO"以较大字体显示出来，是主题文献研究的一级关键词（出现频次高于 20）；而衍生二级高频关键词（出现频次高于 10）则显示为"证监会""新股发行""证券法""退市机制""中介机构""资本市场""监管制度""审核制""新三板""审核制""企业管理""上市公司""信息披露制度""交易所"；延伸至三级高频关键词（出现频次高于 5）则节点众多，较为有代表性的为"多层次资本市场""发审委""投资者保护""上市公司""科创板""发行审核""证券监管机构""机构投资者"。这些词频分布网络将成为本书极具参考意义的研究节点。

既有研究成果聚类分布分析：笔者将所选样本文献录入 Citespace软件中，以 Keyword 为网络节点，将 2009—2019 年分为以 1 年为单位的 10 个时间分区，以每个时间分区的 Top 20% 为阈值条件，即对

2009—2019 年每年出现次数最高的前 20% 的关键词进行共现分析，通过网络 Layout 功能运行聚类操作，得到以上实验模型。为了更加清楚地示意每一个聚类，笔者对图谱进行了微调，图谱中显示的关键词字体大小与出现频次呈正相关，且最低出现频次关键词高于 8 次。通过 2009—2019 年注册制信息披露研究热点聚类分布，可以找到文献研究的主要方向（参见图 0.3）。

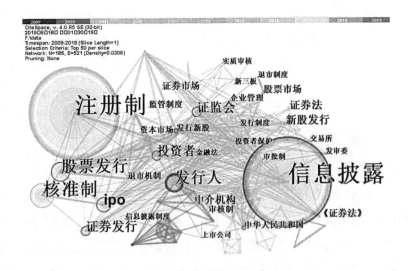

图 0.3　2009—2019 年注册制信息披露研究热点聚类分布图

如图所示，共产生 7 个聚类。表明目前与注册制信息披露主题相关的研究存在 7 种主要研究方向：（1）注册制；（2）信息披露；（3）核准制；（4）股票发行；（5）发行人；（6）投资者；（7）证监会。进而，这 7 种研究方向表明了既有主题文献的总体研究路径，从中可以筛选出可供深入研究的几种研究方向。

在聚类图谱上，通过在 Citespace 软件中进行 Timeline 时间轴图谱绘制的操作，可以观察到在每个聚类中，不同关键词出现的频次大小以及首次出现的时间点，可以更加直观地展现每个研究主体中研究热点的发展趋势（参见图 0.4）。

9

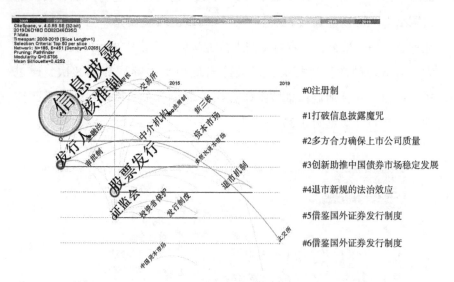

图 0.4　2009—2019 年注册制信息披露研究热点发展趋势图

在注册制信息披露研究热点发展趋势图中，"信息披露"的节点半径最大，出现时间也较早，表明这个关键词在研究文献中出现的频次最高，学者们在 2015 年之前最为关注信息披露这个问题。如图可见，根据分析结果所列出的 5 大研究热点发展趋势分别为：（1）注册制；（2）打破信息披露魔咒；（3）多方合力确保上市公司质量；（4）退市新规的法治效应；（5）借鉴国外证券发行制度。另外由热点发展趋势图可见在 2015 年之前，"信息披露"与"核准制"是理论界探讨最为频繁的研究节点，而"发行人""股票发行""证监会"的研究也陆续出现。另一方面，2009—2019 年，"多层次资本市场"和"退市机制"成为新的热点发展趋势，与之相伴的是"交易所""中介机构""投资者保护""发行制度""多层次资本市场"的相关研究愈发突出，这一时期的发展趋势与我国十八届三中全会提出全面深化改革推进新股发行注册制改革的政治背景息息相关，同时证券市场内部信息披露违规、证券欺诈现象频发的状况促使学者开始关注如何提高证券欺诈违法成本以及保护投资者利益。

3. 分析结论

基于 Citespace 信息可视化软件技术，对 CNKI 中主题文献研究样本进行关键词聚类操作与时间轴图谱分析，可以得出以下结论：

首先，股票发行注册制改革主要以信息披露制度、股票发行审核制度、证券监管制度为主要研究方向，这三种研究方向为本书的研究路径提供了有益参考。

其次，在研究注册制信息披露的聚类分布中应当吸纳资本市场环境、投资者保护、监管政策分配、配套措施建设等相关因素的研究成果，作为充实理论框架的辅助研究。

最后，虽然证券发行与核准制的研究趋势回落，但对于注册制下信息披露的研究依然具有重要价值，是进行主题文献研究的理论基础。

（二）境外研究现状

通过比较研究发现，各国证券发行发展模式的变迁路径，即各国各地区对证券发行制度和信息披露审核模式的选择是依靠本国市场化程度的发展来逐步实现的。无论各国各地区是何种制度选择，都极其注重信息披露内容、信息披露质量以及对信息审核流程的公正、公开。各主要国家和地区呈现如下特征：

美国采取的双重注册制，建立在联邦政府、州政府、行业自律协会三足鼎立的监管基础之上。在贯彻完全信息披露的同时部分开展实质审核。发行人无须政府授权，自行履行申报程序。形式审查为主，不对上市公司经营价值作出判断。强调对上市公司的后续监管和信息披露责任的处罚。美国股票发行注册制的主流理论为法定信息披露理论。这也是罗斯福总统上台后最终选择的信息披露理念。主要由美国最高法院大法官路易斯·D. 布兰代斯（Louis D. Brandeis）创设，表明的态度是：法律通过规定公开信息确实有助于投资者来判断产品的质量。继而，威廉·道格拉斯教授考虑到投资者本身缺乏消化与处理公开信息的能力与智力因素，他将这种公开的制度完善成"所需要的控制要将行业监管与政府监管融合在一起"，并且他注意到首次公开的招股说明书生效后不久便会因"一些其他牛市或熊市因素而大打折扣"①。需要进行后续公开机制的完善，即持续信息披露制度。由此将静态信息披露发展到动态信息披露，充实且完整了法定信息披露理念。与此相伴的是自愿信息披露理念，由经济学家斯蒂格勒、乔治·J. 本斯通（George J. Benston）和亨利·曼尼（Herry Manne）提出。② 他们认为：理论上，可以认为并不需要法定公司披露制度，因为公司管理层拥有充分的激励措施来自愿披露对投资者重要的"所有"或"实质所有"信息。对于新发行，这些激励措施影响非常大。并且，"若资本市场上的资金提供者或其他交易者之间一致认为某一信息对其出资和投资选择有必要，则对资本市场感兴趣的发行人就会自愿提供这种信息披露"。发行人将会提供这些披露，因为不披露的结果就是放弃进入资本市场。但是这一理论主要是建立在诸如有效市场假说或投资组合理论等金融理论或各种经济理论观点的发展上，忽略或者低估了与证券市场中证券欺诈、承销商或内幕人过度报酬或公共信息有关的证据。③ 因此虽然在学术界引起了很大关注，但是对监管并未起到实质影响。而对于信息披露监管权力的分配问题，主要包括四个流派：（1）合同主义（private contracting），以 Stephen J. Chnoi 为代表，在他发表的系列文章中，主张将证券监管完全市场化，以投资者与发行人之间的私下缔约为理论前提，信息披露的程度按照双方合意拟定，可自行裁剪规则，不再为政府或其他利益集团的

① 罗伊斯·罗斯，乔尔·塞利格曼. 美国证券监管法基础 ［M］. 北京：法律出版社，2007：28.

② Benston. Required Disclosure and the Stock Market：An Evaluation of the Securities Exchange Act of 1934 ［J］. American Economics Review，1973（132）：121-156.

③ 罗伊斯·罗斯，乔尔·塞利格曼. 美国证券监管法基础 ［M］. 北京：法律出版社，2007：29.

监管需求买单。而投资者保护、发行人监管等信息披露责任承担都依赖私人契约的约束，在交易中排除政府监管，事后根据私人合同来寻求法院救济。① （2）证券法竞争主义，以 Roberta Romano 和 Stephen J. Choi 为代表，他们认为在证券规则方面放开垄断与限制，形成竞争规则，并赋予发行人在多样化证券监管体制中以选择权，有利于新兴资本市场的发展。② （3）交易所代替政府监管主义，代表人物有 Paul G. Mahoney 和 Adam C. Pritchard，主张在证券监管领域去集权化，充分发挥交易所自律组织监管。Pritchard 认为，集团诉讼在美国有许多副作用，发起率很高而赔付率很低，他认为发展证券交易所的反欺诈功能能够代替集团诉讼机制。③ Mahoney 主张，让证券交易所承担主要监管功能并参与到证券监管的竞争主体中。④ （4）中央高度集权主义，代表人物是 Robert A. Prentice。主张联邦或者中央高度集权的监管体制，并且主张证券交易所的大一统，认为这样的模式有利于国际竞争。Prentice 认为 Choi 的私人缔约理论基础是建立在有效市场假说基础之上，而忽视了投资者的有限理性，包括过分乐观、期望理论、错误共识、信息来源不敏感等投资者心理和行为的社会心理学因素，他通过这些理论来驳斥 Choi 的合同主义理论，并且经过对真实资本市场的观察，得出结论：鉴于市场失灵现象和投资者的非理性行为必须实施强制信息披露。⑤ 美国信息披露监管双重注册制的借鉴意义在于：通过建立严格的信息披露制度，在州

---

① J. Chnoi, T. Guzman. Portable Reciprocity: Rethinking the International Reach of Securities Regulation [J]. California Law Review, 1998 (903): 66-89.

② Romano. A Market Approach to Securities Regulation [J]. Yale Law Review, 1998 (2356): 91-108.

③ Adam C. Pritchard. Markets as Monitors: A Proposal to Replace Class Action with Exchange as Securities Fraud Enforcers [D]. Virginia Law Review, 1997 (1509): 125-156.

④ Paul G. Mahoney. The Exchange as Regulator [J]. Virginia Law Review, 1997 (83): 145-168.

⑤ Robert A. Prentice. Whither Securities Regulation, Some Behavioral Observation Regarding Proposals for Its Future [J]. Duke Law Review, 2002 (51): 221-235.

层面进行实质监管，控制劣质股份进入市场来达到保护投资者的目的；区分行政监管与自律监管，发挥市场效应，通过多层次交易所竞争模式不断培养优质上市资源；对信息披露违规处罚严厉，证券欺诈成本很高；在信息披露审核环节注重行业属性，信息答疑反馈流程细致，程序完善。

日本作为股票发行注册制国家，基本还原了美国证券发行注册制原貌。信息披露制度更为宽泛和简化，提高了证券发行审核效率。信息披露的事前和事后监管分别由不同机构执行双重监管。券商可通过自主配售和超额配售的调节模式来调节市场状况的适应性，提高发行市场的流动性。

我国台湾地区自 20 世纪 60 年代至今分别实行了不同模式的信息披露审核机制：1960 年至 1983 年实行核准制，1983 年至 2006 年兼采核准制和注册制混合模式，2006 年至今则采用注册制审核机制。我国台湾地区股票发行制度下的信息披露监管变迁路径历经三个阶段，其监管特征在于：信息披露经过四轮审核，券商可自主配售。① 其借鉴意义包括：以市场化程度作为逐步实现注册制的过程；以证券市场国际化、金融机构市场化、汇率自由化为注册制实施夯实市场基础。

德国采取核准制与注册制混合制度，其运行机制为联邦证券交易监管局对不在交易所发行的股票采用注册制，交易所对在其交易所发行的股票采用核准制。德国监管机制的借鉴意义在于：针对不同市场制定差异化公开发行标准，满足多层次企业融资需求；区分行政监管与自律监管，强调市场在资源配置中的作用；注重信息披露，信息审核过程全公开化。

英国采用核准制信息监管模式，其运行机制中形式审核与实质监管并存。交易所作为实质审核主体，事前实质审核与事后监管结合。值得

---

① 赖英照. 股市游戏规则：最新证券交易法解析 [M]. 北京：中国政法大学出版社，2006：23-26.

我们借鉴的地方在于：强调信息披露的公开公正；信息审核过程标准化，注重保护投资者利益；不断强化交易所的审核功能，减少行政干预。

我国香港地区属于核准制审核模式，其信息披露监管采取双重存档制（Dual Filing），其中，香港联交所负责发行审核。证监会无权批准公司上市，但有否决权。证监会同意则出具无异议信（No Comment Letter），不同意则可拒绝上市申请。我国香港地区将信息披露审核分为"发行时的披露"与"质量规范"。披露规范是注册制的要求。质量规范属于实质审核的要求。《上市规则》反映了对信息披露最重要和最有效的要求。①

三、研 究 创 新

本书的创新点主要体现在以下四个方面：

（一）研究问题的创新

笔者所研究的股票发行注册制信息披露法律问题具有一定的创新性。自 2013 年十八届三中全会以来，我们推进股票发行制度改革，坚持市场化指导的政策背景促使法学理论界对于信息披露注册制改革的呼声响彻云霄。一系列法律法规和理论研究文献在这一时期相继出现。在对国内主题文献数据进行统计后发现，截至 2016 年 6 月未有以注册制信息披露为法学研究主题的博士学位论文发表，而大部分相关文献则分散于报纸、期刊、新闻报道和硕士学位论文的研究层级中。因而笔者对于注册制信息披露问题的研究在深度和广度上占有优势。因所涉及理论问题与研究节点的总括性是辅助股票发行注册制改革阶段性研究成果之

---

① 何美欢. 公众公司及其股权证券 ［M］. 北京：北京大学出版社，1999：172-175.

一，也是解决信息披露监管制度过渡时期法律适应性的有力助益。

（二）研究角度的创新

在进行注册制信息披露内容结构的框架设计上，笔者以市场化导向为切入点，引用芝加哥大学本·沙哈尔教授对于信息披露的成本效益分析理论作为研究方式，通过整合强制信息披露内容来收缩融资成本，强化自愿信息披露来促进股权融资交易，以此来满足信息披露在法律合规性与交易自利性上的双赢。① 这一视角在相关研究中较为少见。另外，在解析以信息披露为投资者导向型的逻辑推理中，将投资者非理性行为作为研究的重点，认为阻碍信息披露引导投资者决策的原因在于国内市场环境的不成熟以及国内投资者自身信息接收与处理能力不足。进而，将行为经济学理论应用于证券监管法律研究之中，这一角度在相关研究中具有一定创新性。

（三）研究观点的创新

笔者立足于市场风险本位对注册制信息披露在过渡时期提出了自己的设计方案，将理论解释分为多条路线，该设计方案有别于以往所进行的单一路径理论研究。在提出三大法律适应性问题——投资者非理性阅读、信息监管权力分配、信息披露配套制度完善的过渡性症结后，对理论基础一分为三作出了路线规划。首先，在信息披露内容方面，弱化了传统理论的权威地位，对信息不对称理论与有效市场假说理论提出了悖论质疑。引入成本效益分析理论来设计注册制信息披露的内容结构，引入行为经济学来解释投资者导向型信息披露的逻辑形成。其次，在信息披露监管方面，引入证券监管规则来调整证监会与交易所的监管权力分配问题，使交易所在差序竞争格局中形成良好的监管规则，并满足不同

---

① Ben-Shahar, E. Scheider. The Futility of Cost-Benefit Analysis In Financial Disclosure Regulation [J]. Journal of Legal Studies, 2014 (43): 253.

层次的企业融资需求，利用交易所差序格局自下而上地输送优质上市资源。最后，在信息披露责任方面，引入社会网络分析理论，对因信息披露违规而产生的行政诉讼、民事诉讼、刑事诉讼提出了适合我国国情的本土化设计路线。

（四）研究方法的创新

笔者运用了 Citespace 知识图谱文献计量分析方法、Spss 样本案例数据库统计方法等实证分析、统计研究方法。这些研究方法一般常见于社会学与经济学的研究之中，随着交叉研究的广泛应用，近年来在法学研究中也有涉及，但并未普及。其中，Citespace 知识图谱文献计量分析法发轫于情报学，能够对本研究既有研究成果的热点分布、发展趋势以及研究方向予以知识可视化的直观呈现，对本研究的既有研究程度的把握和未来创新方向的指引具有一定的帮助。Spss 软件统计方法在实证研究中较为常见，主要应用于实证研究中法律现象的量化分析。笔者运用 Spss 对近三年证券欺诈违规案例进行了统计分析，通过违规案例的收案数、处罚金额、处罚对象、违规类系、处罚类型的比较与估算，得出不同违规类型在处罚金额、处罚对象与犯罪比重上的差异化结果，客观上支持了我国证券行政执法乏力的观点。

四、研究方法与路径规划

（一）研究方法

1. 价值分析法

价值分析方法是从价值入手，从应然的层面上去认识、分析、评价法律的研究方法，是法学研究的价值之维。这种分析方法超越了实然性的法律规则,从道德维度以理性的视角去探究法律本身的内在品质。法学的价值分析方法主要包括价值认识和价值评价两个部分,价值认知便是对法的价值进行诠释,法的价值在法律体系中的地位和作用,秩序、公平、自由等目的性价值和效率、法治等工具性价值的具体内涵以及这些价值位阶等理论问题。价值评价则是运用善良公正、自由正义等法的实然性品质要求去审视实在法的运行,对立法、司法、执法进行监督和评价。本书通过价值评价的方法来审视我国现有证券监管制度安排下股票发行制度、信息披露审核的立法现状,并通过价值认识的方法对信息披露监管机制的设计进行价值定位——行政管制与行业自律、金融安全与金融自由、政策定位——政府主导与市场主导进行诠释与抉择。

2. 比较分析方法

法律移植的根本是进行比较研究,在进行本研究的过程中从不同程度去借鉴和援引国外既有理论研究成果是进行比较分析的基本思路。而为了在本土化语境下得到合理适用,我们需要对域外法制的全貌进行还原,通过这样的工作才能客观地了解不同政治地缘关系中的研究节点是如何形成以及服务于整个社会网络结构的。进而,本书通过对美国双重注册信息披露监管机制进行解构和还原,可以了解到联邦层面的形式审核建立在州实质审核基础之上,因而避免了我国注册制信息披露监管的研究盲区,由此认识到形式审核的展开离不开实质审核的保驾护航。

3. 实证分析方法

实证分析法以较为精确的方式观察某一法律现象的现状、成因和发展轨迹,发现制约法律执行的具体社会因素以及它们之间的相互关系。通过这样的工作,法律学者可以为广大受众提供相关研究课题动态的、直观的、定性的量化分析，使得自身对某一理论问题的认识更加接近社会真实生活。实证分析方法主要包括数据和统计研究方法，也包括对案例分析的方法。其主要研究机理在于将法律制度研究与客观法律现象结合起来。

本书在对近年来证券市场信息披露违规情况的论述中使用了案例数据和统计方法，以 2014 年 1 月至 2016 年 6 月证监会公布的行政处罚决定书与市场禁入决定书为全样本进行数据统计，以证明证券欺诈违规案件中信息披露违规与内幕交易是证券违法的主要表现形式，而信息违规成本却并不高的客观事实，以此说明现阶段证券市场违法违规行为的猖獗与执法的乏力，从而发现问题并找到解决现存症结的方法与途径。

4. 文献计量方法

文献计量法是一项基于数学与统计学原理对各种研究主题进行既有文献定量分析的研究方法。本书在对国内研究现状的论述中，以中国知网 CSSCI 期刊与硕博士学位论文为数据库研究样本，搜集相关主题文献 421 篇，除去冗余信息后研究样本 357 篇，运用 Citespace 文献计量软件对研究样本进行知识图谱的绘制，并从中了解与注册制信息披露相关的法学研究热点与近年来研究发展趋势。

（二）研究路径规划

本书主要采用上述研究方法对注册制信息披露的过渡时期制度建设进行研究，具体研究路径规划参见图 0.5。

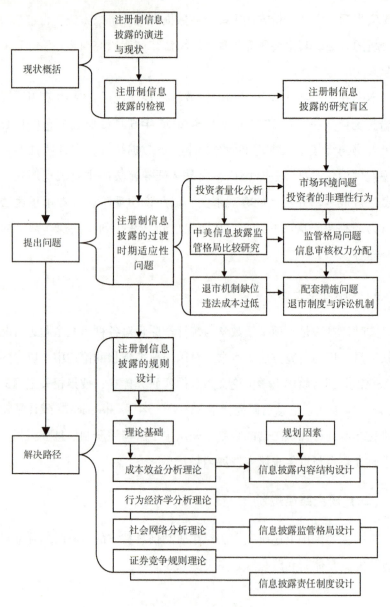

图 0.5　本书研究路径规划

第一章　股票发行注册制下的信息
披露基本原理

信息披露（information disclosure）作为现代资本市场实现交易与价格发现机制的运行枢纽，在其形成之初就具备了便捷合同交易的服务属性。从制度层面来看，伴随着资本市场个体交易增加、公司制规模化和资产证券化的发展，信息披露被广泛地应用到组织行为学中，而电子传媒技术的发展又使信息披露进入了一线监管机制的核心领域。时至今日，信息披露对于社会经济运转和金融监管制度发挥着其正面效应并同时衍生出资本市场监管功能和保护投资者利益功能。另一层面，探究信息披露的成长：公司制的壮大引发了所有权与经营权的分离，两权分离又产生了委托代理问题①，而委托代理问题的关键又在于信息不对称现象广泛存在，最终由于人类本身的自利性行为催化了信息披露制度的成长。然而，任何事物都具有两面性，信息披露制度在证券发行领域发挥着正面性效应的同时也诱发着虚假陈述和内幕交易等证券欺诈行为。总体而言，现象之于存在机理促使我们通过社会科学分析来导出这些问题的内在逻辑。诸如，信息披露是基于什么属性需求而产生的，信息披露又为何被广泛地运用于社会组织行为之中并且逐步形成以信息披露为中心的股票发行注册制，我国在现阶段为何要推行股票发行注册制，以信

---

① A. Berle, C. Means. The Modern Corporation and Private Property ［M］. New York: The Macmillan Company, 1991: 253-267.

息披露为中心的注册制改革理论基础与传统理论之间又有些悖论，又需要哪些新的理论来填补。在注册制改革的过渡时期，为了更好地理解和运用信息披露制度，并解答这些表象性问题，需要研析信息披露的法律本体释义和本质属性，并梳理出支撑其运用领域和诱发双重效应的理论基础。

一、信息披露的形成与法律制度化

证券法作为一门实务性很强的法律学科，与民商法、经济法有着天然的纽带关系。而传统意义上的民商法发轫于经院，最早可追溯至远古时期的古罗马法与宗教法，但证券法却源自经纪人自律约束的乔纳森咖啡馆协议（Jonathan's Coffee Agreement）（1773 年伦敦证券交易所诞生的标志）以及梧桐树协议（The Buttonwood Agreement）（纽约证券交易所诞生的标志）。① 纵观证券法律条文，每一条都能够映射出源于资本市场实际的法律问题，满足市场的实际问题需求，其内容大多为市场的技术性规范，而这一点有别于其他渗透着诸多法学思辨性理论的部分法律学科。信息披露概念源于保护交易安全，是契约精神的体现，但信息披露制度的法律强制化却属于私法自治的例外，因为其限制了合同双方的缔约权。现代社会中信息披露制度被广泛地运用到证券监管领域的原因在于其内在属性与社会经济文化的主流意识产生了共鸣，并逐渐成为资本市场一线监管领域的重要制度规范。

（一）信息披露的法律本体释义

1. 信息披露制度之形成

信息披露（information disclosure）作为一个术语在各学科领域并不

---

①　蔡奕. 十字路口的中国证券法：中国证券市场法制新问题研究［M］. 北京：人民法院出版社，2009：6.

存在一个统一的定义。通过其表象性特征显示，可以将其总结为：对尚未公开的物质属性的反映，通过语言文字、图像声音等因子将其借助媒介公布的行为。哈耶克曾对现代信息披露制度的意义作出描述："资源配置是决策的结果，信息是进行决策的基础和依据。所以如何有效地利用信息是经济生活的根本问题。"[①]

信息披露制度起源于英国，成长于美国，并且在英美国家的示范作用下，各国也开始纷纷建立起适合本国国情的现代信息披露制度。具体而言，信息披露制度的萌芽始于 1720 年英国"南海泡沫事件"[②] (South Sea Bubble)，该事件引发了公众对信息披露的重视，并直接导致了英国"欺诈防止法案"（Bubble Act of 1720）的出台。之后英国于 1844 年颁布《合股公司法》（The Joint Stock Companies Act 1844），其中关于"招股说明书"（prospectus）的规定，首次确立了强制信息披露原则（The Principle of Compulsory Disclosure）。而信息披露制度的真正成长是在证券市场最成熟和发达的美国。1911 年美国得克萨斯州通过《蓝天法》（Blue Sky Law）对发行人披露财务报告强制化，开辟了美国州层面的信息披露实质审核机制，其目的在于控制劣质股票进入投资领域，之后各州开始纷纷效仿但并未形成统一的信息披露审核模式。1929 年至 1933 年美国华尔街次贷危机揭开了非法投机、证券欺诈、操纵市场等一系列金融丑闻，促使美国国会先后通过了《1933 年证券法》与《1934 年证券交易法》，确立了公开发行的基本原则以及 1933 年静态信息披露和 1934 年的持续信息披露理念。1933 年《证券法》首次规

---

① 陈汉文. 证券市场会计监管［M］. 北京：中国财政经济出版社，2001：36.

② 南海公司成立于 1711 年，是一家获得了南美贸易特许权的股份制公司。南海公司拿到特许权后，制造了大量的类似在拉丁美洲发现了金矿、银矿、香料等虚假消息，于是公司股价猛涨，公司董事趁机在高位上卖出了手中的股票。以后，狂跌的股票使得大量投资者损失惨重，该事件引发了一场全面的信任危机，导致英国股市全面崩盘。资料来源于上海证券交易所研究中心《中国公司质量报告：透明度与信息披露》。

定了财务公开制度，这被认定为世界上最早的信息披露制度。并且，美国联邦层面确定了美国证券交易委员会（Securities and Exchange Commission，SEC）的监管地位。1940 年 SEC 汇编了关于信息披露制度系列《S-K 条例》（非财务信息）、《S-X 条例》（财务报表）并陆续进行了补充和完善。

在证券市场中，信息披露制度逐渐演化为以强制信息披露为主、自愿披露为辅的组成结构。其中强制信息披露部分属于私法自治的例外，由于其主要目的在于打击证券欺诈，控制劣质股票进入投资领域，所以这种强制履行一方面增加了发行人的融资成本（大部分表现为合规成本），另一方面基于法律的强行性，规定其限制了交易双方的缔约权。但是，这种限制的合理性在证券法上可以找到理论解释，其中包括：（1）信息不对称理论，认为交易双方信息不对称将引发市场失灵现象；（2）外部性理论，由于证券法的涉众性使得投资者利用股票信息的公开透明来行使决策权。① 因此，强制信息披露能够在法律制度运作下达到促进股权融资和提供交易安全的目的。另外，自愿信息披露部分作为发行人满足公司盈利目的的披露手段，某种程度上符合以"投资者为导向"的"价值相关性"披露趋势，具有极大的上升空间和市场价值。

2. 信息披露机制之运用

信息披露概念并非源于法律，但其作为现代金融法律监管最重要的手段之一，在资本市场交易中得到了广泛应用。究其原因，信息披露制度之所以具有诱惑力并稳健地发挥其效应，源于其背后所信奉的意识形态与社会主流价值观之间产生了共鸣。这是信息披露在政治上的成功。

具体而言，信息披露的运用机理存在如下意识属性：（1）信息披

---

① 廖志敏，陈晓芳. 强制披露理论依据之批评［M］//吴志攀，白建军. 弱冠临风，上海：上海三联书店，2013：267.

露符合市场自由原则。以凯恩斯为代表的传统经济学对理想市场模式的推崇使他们认为投资者只要获得充分的信息，就可以在交易市场中进行有效决策，市场运行机制将进入最佳状态。(2)信息披露尊重个体自治原则。信息披露作为股票价值的客观反映影响着投资者决策，并满足人们自行支配个人事务的道德性权力，促进交易双方自由买卖。(3)信息披露坚持事实自证原则(Resipsa Loquitur)。其内涵为用事实本身说明问题，无须进一步证明。这就使信息披露看起来只是一种很轻微的监管手段，没有堵死立法者、发行人和投资者的任何一条路：立法者制定披露标准直接监管经济行为，发行人生产信息满足法律与市场需求，而投资者依靠信息进行决策。(4)信息披露符合运行逻辑。以信息披露为中心建立起来的监管逻辑附着在一条逻辑通顺的制度链上，只要立法者、发行人、投资者扮演好各自的角色，那么信息披露机制就会稳健地发挥其功能。

从另一个消极层面去探讨信息披露的运用机理，不难发现其为潜在的社会意识形态也提供了捷径：(1)发行人规避责任(Covere Your Ass, CYA)的合法途径。"信息海啸"的泛滥并非帮助投资者，还有帮助发行人规避责任的嫌疑。正如当事人如果不知道自己放弃权利意味着什么，那么米兰达警告就毫无意义。(2)立法者对金融监管的保守回应。可以肯定的是，现行信息披露机制并不需要政府对某项具体行业的信息披露投入科研经费或者政府补贴，所以立法者只需要负责制定相关标准和后续审核，并且再也找不到比信息披露更为保守的监管方式。(3)投资者决策的心理安慰。从信息披露到决策的过程中，很多问题被传统经济学所忽视，诸如现实是很多个人投资者对盖然性金融知识十分匮乏。并且，期望理论(Prospect Theory)认为：人们在有限理性下很容易对风险和概率估计错误并导致乐观主义倾向[1]，而信息披露

---

① 弗郎切斯科·帕里西，弗农·史密斯. 非理性行为的法和经济学 [J]. 比较, 2005 (21)：113.

将催化个人投资者的这种非理性心理,那么信息披露在决策过程中所承担的功能将从保护交易变成投资催化剂。

总之,信息披露制度运用于证券金融监管领域存在多重理论因素。它不仅与现代社会主流意识形态产生了共鸣,同时也满足了社会经济发展潜在的阶段性缓冲需求。无论从在制度层面上以不变应万变的宏观监管理念来说,还是从在具体应用层面上以万变应不变的扩展道路来说,信息披露制度都对证券市场金融监管具有重要意义。

(二) 以信息披露为中心的注册制缘起

1. 以信息披露为中心的注册制内涵

公开,是现代证券立法的基本哲学和指导思想。"一部证券法,洋洋数万言,归根结底就是两个字:公开。"[①] "诗三百,一言以蔽之,思无邪。"用在证券市场,就是开诚布公,信实无欺。[②] 再有,美国大法官布兰代斯(Louis D. Brandeis)的名言"阳光是最好的防腐剂,灯光是最有效的警察",指将市场上的重要信息公布于众,就可以对证券欺诈违法行为起到阻却作用,避免市场的腐化,可以让欺诈无所遁其形。这些古今中外看似分隔的语句,实际上遵循着一个共同的人文基础——对诚信公开精神的肯定。用在证券市场上,就是一种以诚信为本,公开市场重要信息的规范机制。这应该是证券法学的人文基础。

证券法学以研究证券发行一级资本市场为主要内容,而证券发行审核机制是资本市场"融、投、管、退"[③] 的进阶门槛,在证券发行审

[①] 朱锦清. 证券法学 [M]. 北京:北京大学出版社,2013:1.

[②] 赖英照. 股市游戏规则:最新证券交易法解析 [M]. 北京:中国政法大学出版社,2006:3.

[③] "融"指上市公司进入资本市场进行股权融资;"投"指投资者经过决策对股票进行投资;"管"指证券市场系统内部的行政监管和服务监管;"退"指上市公司退出资本市场的退市机制。

核机制中无论是核准制还是注册制，信息披露都是审核的重点。我国证券发行的变迁历程从 1993 年至今，经历了审批制（1993—1995 年额度制、1996—2000 年指标制）、核准制（2001 年 3 月—2004 年 2 月通道制、2004 年 2 月至今保荐制）以及未来两年内注册制的过渡时期。总体来看，在审批制时期由于证券市场服务于地方国有企业融资的政治服务属性，信息披露制度并未得到有效发挥。经过了短暂的通道制过渡后，我国证券发行制度进入了保荐制时期，这一时期的主要问题集中在由于上市公司的选择问题，已经形成了中国上市公司的特殊治理结构，诸如保荐人过会导向严重、发审委流于形式等问题，压制了信息披露制度的市场效应。因此，在未来两年内，注册制的实施将为信息披露提供制度运行空间，并通过注册制的制度机理，激发信息披露的正面效应。

"注册"的概念可理解为申请人向有权机关履行申报程序，不经批准，契约不得生效之意。"注册制"本质上是公法制度，是行政机关或事业单位公法人运用公权力对发行人履行信息披露申报程序的监管手段和方式。注册制以信息披露审核为中心，通说认为，信息披露的审核主要包括两种方式：（1）形式审核，通说为满足法律合规性，只检查信息披露格式是否符合要求，内容是否齐全，而不管上市公司经营业绩好坏。（2）实质审核（Merit Regulaiton），通说为对信息披露内容的真实性进行核查（但一般是有中介核查担保），并对披露内容的投资价值作出判断。① 观察股票发行注册制的制度机理，以是否嵌入实质性审核为标准，分为两种学说：（1）教科书派，遵循私法自治原则。教科书派认为注册制下监管机构不应对证券发行进行实质核查。（2）流行误解派，以美国"双重注册制"为理论基础，认为注册制不等于完全否决实质审核，主张通过多层次监管渠道和方式对实质审核进行制度安排。② 鉴于我国现实背景下资本市场系统性风险仍然存在，出于政策维

① 沈朝晖. 证券法的权力分配 ［M］. 北京：北京大学出版社，2016：86.
② 朱林. 证券发行注册制：制度机理、实践与建议 ［J］. 证券法苑，2015（14）：224.

稳的考虑，选择以嵌入式实质审核的多层次信息披露监管模式，可以赢得证券发行注册制所预测的理论优势。

2. 我国注册制变革动因

关于股票发行注册制的推行，是我国经济转型时期改革工作的一项重要内容。推进股票发行注册制改革是十八届三中全会决定的明确要求，被写进了《国务院关于进一步推进资本市场改革开放和稳定发展的若干意见》（以下简称"新国九条"）的主要任务之中。2015 年 12 月全国人大授权国务院调整适用《证券法》关于股票发行核准制度的有关规定，在决定之日起授权两年内对在上交所、深交所上市交易的股票实行注册制度，证监会对具体事项作出制度安排。① 关于现阶段我国股票发行注册制的立法缘起，可以从政府、市场、企业三个方面找到理论依据：

（1）政府简政放权的趋势。在当下中国继续深化各项制度改革的大背景下，资本市场领域内，政府逐渐在回归外部监管人角色，为市场自我约束机制的形成提供了成长空间。根据十八届三中全会精神指引政府进一步简政放权，深化行政审批制度改革，最大限度减少中央政府对微观事务的管理，凡是市场能够有效调节的经济活动，一律取消审批②，为政府放松管制迈出了实质性步伐。在从中央至地方的自上而下的实施简政放权背景下，政府转变职能与优化资源配置相协调的政策为股票发行注册制改革提供了政治条件；十八届四中全会提出全面依法治国总目标的改革环境为建立中国特色社会主义法律体系、加快证券法律制度改革和注册制的出台提供了法律条件。因此，伴随着这一系列政策趋势，股票发行注册制应运而生。

---

① 中国证券监督管理委员会. 积极稳妥推进股票发行注册制改革，证监会发布，2015-12-09.

② 郭峰. 新一轮证券法修订的理念与若干基本性制度研究［M］//郭峰，等. 证券法评论：2015 年卷. 北京：中国法制出版社，2015，4：3.

（2）市场主导地位的提升。证监会提出注册制改革的核心在于理顺政府与市场的关系。近年来资本市场在法律规范体系监管下逐渐成长壮大。市场通过自身的调节功能来合理配置资源的基础资源愈发健全。从 2001 年至 2019 年沪深两市上市公司增长数量和资本流通总市值增长情况来看，可以看到我国资本市场在这 19 年间得到了显著发展（参见图 1.1）。①

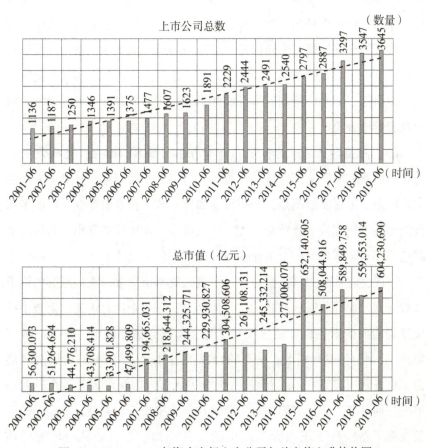

图 1.1　2001—2019 年资本市场上市公司与总市值上升趋势图

————————

① 数据来源：Wind 金融资讯终端宏观数据库《2001—2015 年资本市场上市公司与总市值上升趋势图》。

通过量化对比，如图1.1所示，在2001年至2015年间，资本市场上市公司：（1）从数量上看，上市公司数量从2001年的1120家上升到2800多家，数量翻了两倍多。（2）从公司所占总市值上看，由2001年的53205.49亿元到2015年的最高点563491.335亿元，市值激增十几倍。资本市场整体呈现出快速壮大的趋势。2014年国务院发布的"新国九条"为资本市场的长期稳定成长打开了新思路，文件提出了关于积极稳妥推进注册制改革，建立以信息披露为中心的股票发行制度改革。伴随着资本市场的不断发展，证监会提出注册制改革要坚持市场导向、放管结合的原则。主要就是建立以市场机制为主导，强化持续信息披露的事中事后监管功能。而发行人披露信息的质量和真实性将交由市场主体承担，同时注册制的本身披露形式也将降低发行人披露成本，减少政府寻租现象。

（3）直接融资需求的扩张。资本市场的基本功能之一是满足上市公司直接股权融资。随着科技公司和新型制造业的崛起，其融资需求相应地增强。但现实情况是，新兴行业如信息软件技术服务业、环境卫生行业和科学研究技术行业等在资本市场所占资本比重非常小，而传统的制造业和资金密集型的金融业依旧占据主要位置。

因此，这些新兴科技型企业对于进入资本市场进行直接融资的诉求日益强烈。而在原有核准制的监管体制下，新兴企业对于实质审查中持续盈利能力的审核标准通常没有优势，《证券法》第十三条第二款规定，"公司公开发行新股，需要符合以下条件：（二）具有持续盈利能力，财务状况良好"。这就为新兴企业进入资本市场设置了一个巨大的屏障，而事实上这道屏障的现实意义在于保护投资者利益，但同时却严重忽视了新阶段下正在大量产生的高科技知识型企业的市场发展前景（参见图1.2）。①

---

① 数据来源：Wind金融资讯终端宏观数据库《2015年中国资本市场行业规模统计市值图》。

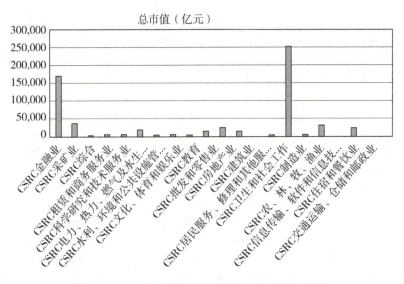

图 1.2　2019 年中国资本市场行业规模统计市值图

如图 1.2 所示，2019 年中国制造业和金融业在资本市场总市值分别为 250562.633 亿元和 169648.832 亿元，位居总市值比重第一、二位。新兴科技行业如水利、环境和公共设施管理业 2019 年所占总市值为 1667.434 亿元，信息传输、软件和信息技术服务业 2019 年所占总市值为 4231.654 亿元。与传统制造业、金融业相比，市值相差上百倍，且位列倒数。这些都反映了新兴行业融资渠道和规模弱势的客观情况。

以网络技术科技领域为例，由于网络公司在经营模式与公司规模上与传统行业具有很大差异，因此绝大多数科技型创新公司诸如"微信""滴滴打车"等，在设立之初依靠私募基金以及天使投资等融资行为快速占领市场份额但并没有形成固定的盈利模式，很难判断未来的盈利状况。而随着社会网络科技的成熟，这类公司如雨后春笋般迅速崛起，形成了现在的"电商"概念。但由于国内直接融资渠道狭窄，绝大多数新兴科技企业选择了在海外上市。2019 年中国网络搜索流量域名前十

31

的公司均没有选择在中国内地上市（参见表1.1）。①

表1.1　　　　中国网络搜索流量域名前十的公司上市地点

排名	网络域名	所属公司	上市地点
1	Baidu.com	百度	纳斯达克
2	Taobao.com	阿里巴巴	纽约证券交易所
3	QQ.com	腾讯	香港联交所主板
4	Sina.com.cn	新浪	纳斯达克
5	Weibo.com	新浪	纳斯达克
6	Tmall.com	阿里巴巴	纽约证券交易所
7	Hao123.com	百度	纳斯达克
8	Sohu.com	搜狐	纳斯达克
9	Soso.com	腾讯	香港联交所主板
10	360.cn	奇虎	纽约证券交易所

　　综上，基于新兴行业数量与融资规模出现利益冲突的现实矛盾，要求企业未来盈利能力的实质审核标准已成为行业融资的瓶颈。现存的间接融资渠道系统很难完全解决这一利益冲突。因此，注册制所秉持的市场化、法制化和形式审查为主的监管理念可以满足新兴科技行业激增的直接融资需求，给市场和创新型企业注入活力。

---

　　①　数据来源：Wind金融资讯终端、国泰君安证券研究，手工整理。

二、注册制对信息披露的制度要求

（一）注册制国家与地区的具体要求

1. 各国各地区股票发行制度与信息监管概述

LLSV 理论认为①，对外部投资者的法律保护程度会决定一国证券市场的强弱，而不同法系渊源或法律传统对外部投资者的保护存在系统性差异。由于各国政治体制与地缘文化的区域性差异，不同监管模式也体现在了选择证券发行模式与信息披露审核机制中，各主要国家和地区在发行机制上的不同（参见表 1.2）②。

综合表格提供的信息，可以总结出各国证券发行发展模式的变迁路径，即各国与各地区对证券发行制度和信息披露审核模式的选择是依靠本国或本地区市场化程度的发展来逐步实现的。并且，这种机制选择的现实基础在于：针对不同市场的发展程度制定差异化证券发行标准，以此来满足多层次企业的融资需求。这些看似庞杂的监管标准实际都表现出一个共同的特征：无论各国各地区是何种制度选择，都极其注重信息

---

① LLSV 理论是四位美国经济学家：拉波塔（La Porta）、罗伯特·维什尼（Robert W. Vishny）、洛佩兹·西拉内斯（Lopez-de-silanes）、安德烈·施莱佛（Andrei Shleifer）在 20 世纪 90 年代中后期，通过整理多国的政治、法律、宗教、文化和经济等方方面面的量化数据，第一次明确将法律因素引入到解释金融发展和经济增长的具体研究之中。由于他们经常一起署名发表文章，学界简称 LLSV 组合。其理论主要体现在法与金融研究领域，具有相当程度的可取性。开创了法与金融研究之先河，在经济与法学界产生了极大影响。

② 资料来源：（1）美国资料来源：沈朝晖. 证券法的权力分配［M］. 北京：北京大学出版社，2016：93-100.（2）日本、德国、英国资料来源：Wind 金融资讯终端，国泰君安证券研究报告《注册制：发展直接融资，促进转型创新》，2015 年 4 月 21 日.（3）我国台湾地区资料来源：赖英照. 故事游戏规则——最新证券交易法解析［M］. 北京：中国政法大学出版社，2006：23-26. 注：申报制与注册制概念相同，台湾地区称申报制。（4）我国香港地区资料：何美欢. 公众公司及其股权证券［M］. 北京：北京大学出版社，1999：172-175.

披露内容、信息披露质量以及对信息审核流程的公正、公开。因为通过贯彻全面信息披露来达到保护投资者利益是国际范围内证券金融监管共同追求的目标。

表 1.2　各主要国家和地区证券发行制度与信息披露审核机制比较

国家或地区模式	内容特征	借鉴意义
美国双重注册制	建立在联邦政府、州政府、行业自律协会三足鼎立的监管基础之上。 在贯彻完全信息披露的同时部分开展实质审核。 发行人无须政府授权，自行履行申报程序。 以形式审查为主，不对上市公司经营价值作出判断。 强调对上市公司的后续监管和信息披露责任的处罚。	通过建立严格的信息披露制度，在州层面进行实质监管，控制劣质股份进入市场来达到保护投资者的目的。 区分行政监管与自律监管，发挥市场效应，通过多层次交易所的竞争模式，不断培养优质上市资源。 对信息披露违规处罚严厉，证券欺诈成本很高。
日本注册制	基本还原美国证券发行注册制原貌。 信息披露制度更为宽泛和简化，提高了证券发行的审核效率。 信息披露的事前和事后监管分别由不同机构执行双重监管。	信息披露审核环节注重行业属性，信息答疑反馈流程细致，程序完善。 券商可通过自主配售和超额配售的调节模式来调节市场状况的适应性，提高发行市场的流动性。
中国台湾地区注册制	采核准制（1960—1983 年）	根据市场化程度逐步实现注册制。 信息披露经过四轮审核。 券商可自主配售。 证券市场国际化、金融机构市场化、汇率自由化为注册制实施夯实市场基础。
	兼采核准制和注册制（1983—2006 年）	
	注册制/申报制（2006 年至今）	

国家或地区模式	内容特征	借鉴意义
德国核准制与注册制混合	联邦证券交易监管局对不在交易所发行的股票采用注册制,对在交易所发行的股票采用核准制。	针对不同市场制定差异化公开发行标准,满足多层次企业融资需求。 区分行政监管与自律监管,强调市场在资源配置中的作用。注重信息披露,信息审核过程全公开化。
英国核准制	形式审核与实质监管并存。 交易所作为实质审核主体。 事前实质审核与事后监管结合。	强化交易所的审核功能,减少行政干预。 强调信息披露的公开、公正。 信息审核过程标准化,注重保护投资者利益。
中国香港地区核准制-双重存档制(Dual Filing)	香港联交所负责发行审核。证监会无权批准公司上市,但有否决权。证监会同意则出具无异议信(No Comment Letter),不同意则可拒绝上市申请。	将信息披露审核分为"发行时的披露"与"质量规范"。 披露规范是注册制要求。 质量规范属于实质审核要求。《上市规则》反映了对信息披露最重要和最有效的要求。

2. 美国双重注册制对信息披露的要求

美国的证券信息披露制度发端于 20 世纪 30 年代,是当今世界上证券信息披露制度最完善、最成熟和最规范的国家。其双重注册制的监管架构建立在"联邦—州—行业协会"三足鼎立的基础之上。为了避免管辖权重叠,联邦层面对于全国性股票交易以及州际之间的股票交易具有管辖的正当性基础,一只股票只有在既不受"联邦专属管辖"也没有获得州豁免权的情况下，才进入州层面的信息实质审核管辖范围。①并且各州以"蓝天法"为依据实施的监管目的在于通过控制劣质股票进入投资领域来保护投资者利益。因此，美国的"双重注册制"正是以州层面的实质审核为基础，并在进行形式审核的同时，部分开展着实质审核。

美国股票发行注册制的主流理论，即强制信息披露理论。这也是罗斯福总统上台后最终选择的信息披露理念，主要由美国联邦最高法官路易斯·D. 布兰代斯（Louis D. Brandeis）创设，他的论断"阳光是最好的防腐剂，灯光是最有效的警察"。表明的态度是：法律应当保护投资者的利益，不过法律并不保证产品本身的质量或价格，但法律通过规定公开信息确实有助于投资者来判断产品的质量。由此，确立了以信息披露为中心的注册制体系的形成。

在经历了安然、世通公司一系列财务造假丑闻之后，美国国会通过了萨班斯-奥克斯利法案（Sabans-Oxley Act），对上市公司信息披露中的财务会计制度、公司治理、证券市场监管等方面提出了更高的要求。在这些法律规范的基础上，美国的披露项目以 10-K（SB）与 20-F 系列表格的形式呈现②，信息披露表现出了高度的规范化。

美国 SEC 提出以保护投资者利益为目标，以诚信、透明、公允、可比和充分披露等特征为主要的信息披露质量要求。同时指出透明度是向证券市场所有参与者及时提供清晰的、可理解的有关价格信息的程度。总体而言，对于高质量信息的标准可概括为六重因素，即全面

---

①　"National Securities Markets Improvement Act of 1996", Section102. 为了避免从联邦到州监管层面出现重复管辖，美国于 1996 年颁布了《全国市场改善法》，主要规定联邦注册的公开发行证券与州的监管范围，以及联邦与州各自的豁免交易范围。并对《1933 年证券法》作出了修订，将联邦监管与州监管自上而下的管辖权范围作出了系统梳理。

②　美国证券交易委员会为上市公司制定了年度报告表格，分为两大类：一类用于国内公司的 10-K 系列表，其中 10-K 表供一般发行人使用，10-KSB 表供小规模发行人使用，20-F 表供外国私营企业发行人使用。

性（Comprehensiveness）、相关性（Relativity）、及时性（Timeliness）、可靠性（Reliability）、可比性（Comparability）和重要性（Materiality）。值得注意的是，SEC 在事前审查中并未强调"真实性"，而是将这部分要求转移至之后的信息披露责任追究的权力中。

3. 中国香港地区双重存档制对信息披露的要求

中国香港属于股票发行核准制监管范围，但香港作为亚洲最重要的金融中心之一，对我国内地注册制改革的借鉴意义影响深远，其在证券监管和交易所运营机制上大部分因素均领先于亚洲其他地区。一项由伦敦市政当局（Corporation of London）进行的研究通过对四个国际金融中心，即伦敦、纽约、法兰克福和巴黎在金融监管中的竞争因素表现，识别出六组对金融监管来说最重要的竞争因素。香港均表现出很高的竞争优势，这六组因素分别为：（1）拥有优秀人才以及能够接触专业服务提供者。（2）监管环境及政府的应变能力。（3）能接触国际金融市场及客户。（4）具备商业基础设施及公平、公正的营业环境。（5）企业营运成本及税制。（6）其他因素，文化语言及生活素质。① 因此，一方面中国香港地区作为亚洲最重要的金融中心之一代表着中国与国际紧密接轨；另一方面，由于地缘、语言、政治原因，香港证券市场的监管模式要比美国双重注册制对中国内地的影响更深。

在香港地区，香港政府机构负责制定和修订关于金融市场的相关规定，② 以此来确保香港金融市场保持公开、公平和具有效率，维护香港

---

① 香港作为亚洲最重要的国际金融中心，香港证券及期货事务检察委员会（SECURITIES AND FUTURES COMMISSION SFC）：http：//www.sfc.hk/web/doc/TC/research/research/rs%20paper%2033%20（chi）.pdf，最后访问日期 2016 年 5 月 16 日。

② 香港特别行政区政府的财经事务及库务局负责制定和修改关于香港金融市场的法规，具体由其所属财经事务科负责，提供适当的经济和法律环境。

作为主要国际金融中心的地位。① 特区政府财经事务与库务局下辖内幕交易审裁处、证券及期货上诉审裁处，负责协调香港证券期货市场的整体运作。从交易所情况来看，香港联合交易所与香港期货交易所有限公司、香港中央结算有限公司于 2000 年 3 月合并，并以介绍的形式在联交所上市。从证券法律规范来看，2002 年香港特区将原来分散的证券市场与期货市场规范条例合并修订成为《证券及期货条例》，因此，香港的证券期货市场实现了交易、结算、法规和监管的一体化。从股票发行审核来看，早在联交所时期，交易所就兼顾了审批与监管上市公司双重职能。香港交易所上市成为营利性公司之后，各方人士指出其可能出现的弊端与利害冲突。而现存的解决方法为：（1）实施"双重存档制"，上市公司将首次发行文件同时提交证监会与交易所；（2）证监会下设上市委员会、上诉委员会、双重存档事宜顾问小组来制衡交易所对上市公司的监管与审核。交易所依照《上市规则》负责对公司首发上市进行审核，证监会依照《证券及期货条例》进行审查，虽无权批准上市但享有异议否决权。

香港将证券发行信息披露监管工作分为两部分：（1）"发行时的披露"，相当于注册制对披露规范的要求，以形式审核为主；（2）"信息披露质量规范"，相当于美国州层面的实质监管。在香港地区，最重要和最有效的信息披露监管是香港交易所依照《上市规则》对"质量规范"的监管。②

（二）我国本土化实现机制的内在要求

我国实行以信息披露为中心的注册制，从宏观层面上来看一直坚持证券发行以"公开、公平、公正"的"三公原则"作为信息披露的指

---

① 郭莉，巴曙松. 香港证券市场全透视［M］. 北京：中信出版社，2009：12.

② 何美欢. 公众公司及其股权证券：上册［M］. 北京：北京大学出版社，1999：174-176.

导性原则。这与美国法上关于"透明度"的信息披露评价指标是相吻合的。在信息披露的具体内容上,《证券法》一审草案明确取消了股票发行审核委员会,将发行审核权力交给交易所,交易所关于信息披露的审核重点将在于信息披露文件的齐备性、一致性和可理解性,审核的标准为以投资者为导向的信息披露规则。因而在信息披露的微观层面上以信息内容的齐备性、一致性和可理解性作为衡量指标,也是符合美国法关于"透明度"(证券市场所有参与者及时提供清晰的、可理解的有关价格信息的程度)的理解,并且符合全面信息披露原则的内在要求。我国核准制下证券监管机构各部门对上市公司公开信息披露的要求参见表1.3。①

表1.3　中国证券监管系统各主要机构信息披露原则要求

机构	法律法规	原则要求
中国证监会	《公开发行证券的公司信息披露编报规则》	真实性、准确性、完整性、公平性
	《公开发行证券公司信息披露内容与格式准则》	真实性、准确性、完整性、公平性
	《上市公司股东持股变动信息披露》	真实性、准确性、完整性、公平性
	《上市公司信息披露管理办法》	真实、准确、完整、及时、公平
	《上市公司证券发行管理办法》	真实、准确、完整、及时、公平
	《上市公司治理准则》	真实、准确、完整、及时、公平

---

① 数据来源:中国证监会网站、上海证券交易所网站、深证证券交易所网站,手工整理。

续表

机构	法律法规	原则要求
上交所	《上海证券交易所上市公司信息披露工作核查办法》	及时性、准确性、完整性、合规性
深交所	《深圳证券交易所上市公司信息披露考核办法》	真实性、准确性、完整性、及时性、合法性、合规性、公平性
中国人民银行	《商业银行信息披露暂行办法》	真实性、准确性、完整性、可比性
中国证券业协会	《股份转让公司信息披露实施细则》	及时性、准确性、完整性、真实性

从表中可见，我国证券监管机构关于相关信息披露的要求几近相同，以"真实性、准确性、完整性及公平性"为主要标准，且相互之间联系紧密，相辅相成。与美国不同的是在于对信息"真实性"的要求贯穿始终，体现了核准制审核标准，并且体现了"三公原则"关于"公开、公平、公正"的精神价值。关于信息披露的评判性标准，我们可以加以细化和分析：（1）真实性，是指信息披露的内容要与客观实际情况相符合，不能夸大或者歪曲公司的盈利能力。当然由于上市公司的客观情况与预测信息①难免出现偏差，所以需要依靠交易所对信息披露进行审核监管。（2）准确性，是指信息披露的内容应该与客观量化性资料相符合，而这些量化性资料是建立在法律规则、会计准则、审计制度的合理测评之上的。而对于不同性质的披露资料可以采取不同标准测评其准确性。对于与投资者投资行为相关的硬性材料如招股说明书、上市公告书、重大事项披露报告、年报和中期报告需要采取严格的审核；而对于持续信息披露中的持续盈利能力、公司前景预测，应当符合

---

① 证券发行人的信息可以分为描述性信息、评价性信息和预测性信息。参见陈魁，吕明瑜.论上市公司信息公开的基本原则［J］.中国法学，1998（1）.

持续性要求。① （3）完整性，向投资者披露的有关信息和资料必须全面，不得有重大遗漏。完整性并不是说将所有的资料都披露出来，而是满足投资者在进行投资行为时对信息内容的质量和数量的客观实际需求来决定的。从信息披露的数量上来说，应当以满足投资者作出投资的基本依据为量化基础；从信息披露的质量上来说，应当以满足有效性信息的披露效果为基础，就是需把需要表述的有效性信息都合理覆盖到。②并且对于投资者获取信息的渠道，也需要保持纸质媒介与电子媒介的多样性以配合完整性内涵要求。③

关于信息披露的可理解性是证券信息披露新的发展方向。《证券法（草案）》新增加了保护投资者利益的第一百三十五条："依法披露的信息，应当简明清晰，通俗易懂。"这个法条背后的原理是考虑到投资者对有效信息披露内容的接受和处理能力不够而专门添补的条款，以扼制信息披露者在内容的表述形式上作出的虚假记载、误导性陈述、重大遗漏等以专业金融知识欺诈无知投资者的违法违规行为。

但是，无论是宏观上的"三公原则"还是微观层面上的"齐备性、一致性和可理解性"，都只是符合了强制信息披露与全面信息披露这两种披露理念的基本要求。虽然注册制的主要工作是对企业发行上市的披露材料进行形式审核，但是从信息披露到投资者决策的道路中却充满了实践荆棘，使依靠全面信息披露来达到保护投资者逻辑的制度链条变数横生。在以信息披露为中心的注册制概念下，相比而言美国的信息披露却很完善，也很全面。我国的信息披露制度虽然在宏观上趋同于美国，但是在具体内容上却不够细致。无论是"三公原则"还是全面、完整、真实、正确、及时等信息披露的具体要求，都显得过于宽泛。如果不能规则设计信息披露的结构与内容，那么原则的确立也仅是流于形式，既

---

① 齐斌. 证券市场信息披露法律监管 ［M］. 北京：法律出版社，2000：116.

② 周友苏. 新证券法论 ［M］. 北京：法律出版社，2007：368.

③ 冯果. 证券法 ［M］. 武汉：武汉大学出版社，2014：124.

忽视了以投资者为导向的信息披露这一根本目标，走入"全面信息披露"的盲区，又忽视了注册制需要高素质的"买者自负"市场来实施的关键问题。而对于全面信息披露的单纯理解，将很有可能造成信息披露的"棘轮效应"，即在全面披露的要求下造成信息的"过载"和"堆积"问题，诱发信息披露的双重效应。

三、注册制下信息披露的相关理论依据

（一）信息披露的生产：信息不对称悖论与成本效益分析理论

传统理论认为，由于证券市场内部信息的不对称特征有可能引发市场失灵现象，从而决定了信息披露制度被引入法律一线监管领域。而信息披露制度的作用在于通过公正、公开以及透明化的监管手段来抑制证券市场的欺诈行为，从而使市场达到最佳运行状态，避免失灵现象。然而，在进行注册制信息披露研究的过程中，如果依然按照传统理论的路径摸索，我们很容易陷入"全面信息披露"的盲区，造成由于个别欺诈行为压力而使信息披露呈"棘轮效应"式发展的尴尬局面。并且，我们很难回答这样一个问题："如果连刑法、民法和行政法都无法有效阻却证券欺诈的继续，那么信息披露制度作为一种很轻微的监管手段如何证明它的存在可以强于国家暴力机器的作用呢？"同时，如果信息披露的主要作用在于抑制市场失灵，那么我们也很难解释在缺乏信息披露制度的其他市场领域，交易是如何有序进行的，比如汽车、水产买卖市场等。因此，经过分析得出，对于信息披露生产的合理性并非在于它是否抑制欺诈、控制市场失灵，而在于信息披露能够促进股权融资，并减小投资者与上市公司之间的交易成本，促进市场化效应的发挥。这才是注册制下信息披露制度背后的法律哲学。如果信息披露没有促进交易的作用，那么即使披露成本再低，发行人也没有进行信息生产的动机。

1. 信息不对称引发市场失灵的悖论

凯恩斯主义经济学家乔治·阿克洛夫在其代表作《柠檬市场：质化的不确定性和市场机制》中提出的"信息不对称理论"（Information Asymmetry）①，是指参与交易各方所拥有、可影响交易的信息不同，通常卖家比买家拥有信息优势，但不排除相反情况的存在。理论认为，信息不对称现象有可能导致逆向选择（Adverse Selection）：使劣质股票在市场资金竞争中胜出，而优质股票遭遇不公平待遇，并且在这种重复博弈下将诱发市场机制的失灵。客观来讲，信息不对称是社会分工的必然结果，我们在此所讨论的是：信息披露制度的法律化是不是被资本市场"信息不对称导致市场失灵"所推导出来的，还是出于信息披露的其他功能以及什么功能？如果市场失灵在资本市场的集中表现为"欺诈"，那么信息披露的存在是不是为了抑制欺诈？因此，以下将通过三个观点来反击传统经济学理论支撑的信息不对称理论，为注册制下信息披露制度的合理规划提供新的思考。

问题一：通过加强信息披露来抑制市场失灵的逻辑是出于政治动因，还是科学理论推导？如前文所述，1929 年在经历了那场著名的"股市崩盘"后，时任美国总统的罗斯福接受了凯恩斯主义关于国家干预经济的立场，并对证券市场的监管始终坚持"阳光防腐剂"的公开透明理念。相继出台了以信息披露为主旨的《1933 年证券法》和《1934 年证券交易法》。2002 年，在经历过安然、世通公司一系列财务造假丑闻之后，美国国会通过了萨班斯-奥克斯利法案（Sabans-Oxley

① 张五常. 经济解释［M］. 北京：中信出版社，2015：663-665. 其中提到乔治·阿克罗夫教授在 1970 年时发表了论文《柠檬市场：质化的不确定性和市场机制》（"The Market for Lemons: Quality Uncertainty and the Market Mechanism"），这是一篇以二手车市场为范例，推理不对称信息论（asymmetrical information theory）对市场运作的影响。在文中，阿克罗夫用不同的水果代替不同特性的二手车，以香甜的樱桃与水蜜桃来譬喻车况优良的二手车，而用酸涩的柠檬来譬喻状况不佳的二手车。

Act)，对上市公司信息披露中的财务会计制度、公司治理、证券市场监管等方面提出了更高的要求。① 而在诱发经济危机的同时，公众总是希望政府能站出来做点什么。因此，以挽救市场失灵为直接目的，加强信息披露的公正、公开和透明化似乎很容易地体现出美国金融监管层对"保护投资者利益"的政绩，并通过信息披露将执法成本外部化。因此，对于法案的出台究竟是基于政治考虑，还是借助于社会科学分析导出，缘由并不清晰且很容易混淆。通过实证研究进一步确定了这一理论推断：美国两位经济学家 George J. Stigler② 和 George J. Benston③ 在 1964 年与 1973 年分别对《1933 年证券法》和《1934 年证券交易法》颁布前后的股票投资收益和股价波动进行定量观察，得出的结论是两部以信息披露为主旨的法律的实施并没有推动股票投资收益率的增长。而监管者由于缺少竞争市场和资金的束缚，并不比上市公司和投资者更清楚如何运用信息促进交易。

　　问题二：信息披露是否抑制了发行人的欺诈行为？传统理论认为，市场失灵在证券领域集中体现为欺诈行为泛滥、交易行为受阻。资本市场竞争的二重主要因素是资金与企业家才能。首先，企业家为了获取市场上的资金，具有减少投资者受骗概率的动机，因此有主动减少欺诈的动机，而非信息披露所产生的直接动因。信息披露所产生的动因是企业家进行信息披露能够增加交易收益。其次，在投资者与发行人重复博弈的过程中，欺诈的存在会降低投资者需求，一只欺诈概率高的股票在周知后股价会受挫。因此欺诈成本已经反映在股票价值中，并适度调节收益与损失，使其达到边际均衡。就像你意识到购买一辆车的价格已经包

---

　　① 乔尔·塞利格曼. 华尔街变迁史：证券交易委员会及现代公司融资制度的演化进程：修订版 [M]. 田风辉，译. 北京：经济科学出版社，2004：41.

　　② J. Stigler. Public Regulation of the Securities Markets [J]. Journal of Business, 1964 (37)：36-52.

　　③ J. Benston. Required Disclosure and the Stock Market：An Evaluation of the Securities Exchange Act of 1934 [J]. 1973 (63)：96-119.

含了其潜在的被盗风险。因此，欺诈作为交易成本内容的一项，在频繁交易过程中已经反映在股票价值中，很难通过信息披露制度将其剥离出股票的固有属性，相反信息披露通常为进行欺诈打开渠道。

问题三：信息披露是否增加了投资者的获利？举三个例子来说明这个问题。（1）螃蟹通常用水草捆绑出售，称重时水草质量颇重，看似消费者吃亏。但相反如果出售螃蟹没有捆绑水草，那么出售的单价必然提高。这个故事的主旨在于"在竞争下，卖家一律欺骗与一律不骗会有同样的效果，称之为欺骗定律"①。（2）信息披露虽然消除了企业家的信息优势，但信息披露的目的在于公开信息，并没有为市场制造出更大的蛋糕，增加投资者额外收入。② 相反，信息披露过度将有损上市公司私权。（3）绝大多数消费者对产品信息知之不详，诸如在汽车购买时只了解到车的价格和性能，很少去研究汽车的生产商及其股权构造，但这并没有影响消费质量和车的使用价值。通过以上例证说明，信息披露的运用并没有实现增加投资者获利的效果。

综上所述，可以发现信息披露制度抑制市场失灵的悖论。理由是信息披露制度在是否阻止了证券欺诈以及增加了投资者获利的问题上答案都是否定的，并且信息披露的法律化掺杂了大量的政治动因，而并非纯粹的理论逻辑推出。那么，信息披露制度法律化的合理解释是什么呢？经济学实证表明，信息披露能有效降低投融资双方的交易成本，促进合作收益。资本市场的一大功能就是信息共享与降低融资，衡量信息披露制度的合理化标准在于信息披露成本与收益之间是否达到均衡，使交易双方总体收益最大化。③ 这才是发行人进行信息披露的动机以及信息披

---

① 张五常. 咸水草与淡水蟹 ［M］. 伟大的黄昏. 香港：花千树出版社，2003：175.

② J. Benston. Required Disclosure and the Stock Market：An Evaluation of the Securities Exchange Act of 1934 ［J］. American Econoic Review, 1973 (63)：115.

③ Ben-Shahar, E. Scheider. The Futility of Cost-Benefit Analysis in Financial Disclosure Regulation ［J］. Journal of Legal Studies, 2014 (43)：253.

露引入监管机制背后的法律哲学。

2. 成本效益分析理论的引入

信息披露的成本效益分析（Cost-Benefit Analysis，CBA），是研究信息披露制度的基本层面问题。通过论证，信息披露之于市场的作用在于它能有效地降低交易成本，促进股权融资。对于上市公司来说，降低融资成本是进行信息披露生产的直接动机。对于投资者来说，对信息披露的生产需求在于谋求交易安全。信息披露在交易双方的反复博弈下已内化为融资成本，并且分裂成强制信息披露与自愿信息披露。实践中，信息披露的成本收益亦客观存在，理论研究观点也认同了以信息披露作为监管手段的好处以及收益应当高于成本的共识。在实践中，信息披露的效益被惯性高估，而信息披露的成本却总是能回避严格而精确的成本效益分析，这与人们对信息披露的功能忽略有很大关系。① 高质量的信息披露需要通过成本效益经济学的严格测算才能将法定披露内容、披露标准、披露程序精确地确定下来。因此，我们需要引入合理的分析标准来有效整合信息披露的内容结构，激发注册制之下信息披露的市场效应的发挥。

CBA 分析，首先将"信息"的概念内化为发行人的"信息资产"，并根据"信息资产"的特征去改造披露内容架构，使其符合经济学理论预设。其意义在于它更加看重"市场的价值"以及"成本收益的效果"，目的在于使合作收益最大化，并通过"高质量的信息披露"在强制与自律监管层面赢得"行政声誉"以及"信用声誉"。借助美国芝加哥大学本·沙哈尔教授对 CBA 分析可以为注册制下信息披露制度的研究提供两个层面的理论支持：（1）成本方面对强制信息披露内容的改造，缩减披露成本。（2）收益方面对自愿信息披露内容的预设，最大

① Ben-Shahar, E. Scheider. The Futility of Cost-Benefit Analysis In Financial Disclosure Regulation［J］. Journal of Legal Studies，2014（43）：253-256.

化交易收益。通过成本收益之间的结构性改造来提高信息质量，促进融资便捷。

通过信息披露 CBA 分析理论，我们可以更加清晰地去发现信息披露问题的本质。从强制信息披露层面来说，波斯纳提出"法律通过保护产权，来促进经济的发展。"如果一味地扩张强制信息披露作为私法自治的例外，会增加上市公司的信息生产成本（等于增加了融资成本），从而损害上市公司的私有产权，这样就造成了市场的负担。而强制信息披露对于交易成本的减少集中体现在它通过格式化条款，从而减少了交易双方重复谈判成本。但绝大多数情况下，由于市场发生的个别欺诈造成了立法者的行动压力，监管者抱着解决一切问题的决心，在披露主义的渲染下不断扩充和完善披露条款，形成了信息披露"棘轮效应"，① 使信息披露的生产成本逐渐攀高，从而增加了发行人的融资成本。而监管层如前所述不受竞争资金因素的束缚，很有可能陷入"全面披露"的盲区。从自愿信息披露层面来说，经济学实证观点认为投资者对公司前瞻性预测、公司股权成本构造和及时性的公司公告更加青睐，这些信息内容的披露能够有效增加投资者对股票价值的期望值。投资者在"期望理论"的催化下很容易对风险和概率估计错误并导致乐观主义倾向，从而增加股票流动，降低融资成本。这些理论共同反映了这样一个信息：把握好"信息资产"对于"市场"与"投资者"的偏好，通过合理改造，可以赢得 CBA 信息披露效益分析所预测的收益最大化效应，并实现以信息披露为中心的注册制的市场价值。

（二）信息披露的监管：有效市场假说悖论与行为经济学理论

1. 有效市场假说的悖论

"有效市场假说"（Efficient-Market Hypothesis, EMH）的研究起源

---

① 本·沙哈尔. 过犹不及 [M]. 陈晓芳，译. 北京：法律出版社，2015：40-42.

于路易斯·巴舍利耶（Bachelier，1900），他认识到市场在信息方面的有效性：过去、现在的事件，甚至将来事件的贴现值反映在市场价格中。他提出的理论逻辑是股价遵循公平游戏（Fair Game）模型。

由于资本市场最显著的特征是建立了信息共享机制和降低融资成本，因此，EMH 要求的条件是在一个正常且有效率的市场中，市场上的每个人都是理性的经纪人，资本市场上的每只股票都处于这些经纪人的严格监视之下，他们每天都在进行基本分析，以公司未来的获利来评价公司的股价，把未来价值折算成今天的现值，并谨慎地在风险和收益之间权衡取舍。而股票的价格也能充分反映资产的所有可获得的信息，即"有效信息"，当信息变动时，股票价格也会随之以利好或利空消息的传出而相应异动。①

因此，按照 EMH 的理论逻辑，注册制下证券市场对新的市场信息反应迅速且准确，证券价格能完全反映全部信息（有效的信息披露），并完全以股票价格来决定上市公司在资本市场上的价值，公司在进行强制信息披露后，股票价格符合条件便进入资本市场融资，而当股票价格跌破最低门槛时，上市公司（垃圾股）自动退市。以此来保证资本市场上流通的永远都是那些绩优股价公司（蓝筹股），使资本市场长期保持优胜劣汰的良性生态空间（牛市）。这也是我国目前进行注册制改革的目标，把权力交给有效市场，以高质量的信息披露来反映股价异动，以理性投资者的目光来作出正确投资。但是，这一切实施的基础都建立在有效的信息披露和理性的投资者等条件之上。

然而，EMH 面临的理论挑战最显著的两点就是：（1）投资者并非完全理性。且不是偶然偏离理性，而是经常以同样的方式偏离理性。这是接下来我们引入行为经济学来解释的信息披露适应性问题。（2）证券市场并非正常有效率。现阶段我国资本市场存在一定的系统性风险，

---

① 威廉·福布斯. 行为金融［M］. 孔东民，译. 北京：机械工业出版社，2011：37.

主要表现在两个方面：一方面是政策改革频繁，2015 年政府推出了一系列政策与改革措施——宽松的货币政策、国企改革、人民币汇率改革、注册制改革、央行五次降准降息以及 2016 年"十三五"计划的出台，使国家的经济形势大起大落。另一个方面是证券市场系数扭曲，A 股股票的估值水平偏高、平均市盈率与股市中位数差异大呈偏态分布①、2015 年是股票交易量最大的一年，但股票发行规模只有 1500 亿元，且融资规模并不理想②，国内投资者以赚取差价为主的短线操作使股票换手率非常高。③ 这些因素综合表现为股票价格在资本市场上大起大落，官方表述为"股市的异常波动"。从上面两点的分析来看，市场的阶段性特征是由于现有监管机制与迅速发展的经济形式产生了冲突，并且真实的注册制要求股票发行不再限制家数以及发行价格，现有的过度监管无法满足注册制彻底开放后的融资需求，因此这是我们进行改革的主要原因。而投资者方面并非改革所能解决，相反投资者适应性问题是改革的绊脚石，是需要我们处理好注册制过渡时期的过渡问题之一。我们如何解决投资者的非理性行为，以什么样的角度去切入问题并找到合理解决的理论路径是接下来引入行为经济学理论作为过渡时期安排注册制改革信息披露引导投资者逻辑的最重要解决方案。

现在我们通过对行为经济学的介绍，来分析一下信息披露帮助投资者做决策和投资者经常性偏离理性是怎样发生的。

---

① 参见 Wind 经融资讯终端，我们股市的中位数和平均市盈率差异很大，在美国标普 500 平均数跟中位数都是 17 倍左右，纳斯达克大概 25 倍，差别很小，呈现为正态分布。而我们是偏态分布的，市场扭曲并没有受到大家的足够重视。

② 参见 Wind 金融资讯终端，去年有一个很奇特的现象，即使是历史上股票交易量最大的一年，但 IPO 发行规模只有 1500 多亿，这对我国巨大的金融体量而言太少。

③ 参见 Wind 经融资讯终端，我国证券市场 2015 年的换手率，创业板是 12.57 倍，中小板是 9.53 倍，主板是 6.34 倍，而成熟市场中最活跃的纳斯达克不过是 2.45 倍。说明短线高频交易占据股票交易份额主流位置，投资者对股票价值和投资意义的理解还停留在赚取差价的初始层面，相较于发达国家机构投资者长线操作为主的成熟模式还差之甚远。

2. 行为经济学分析理论的引入

自亚当·斯密提出市场"看不见的手"以来，自由竞争机制在资本主义社会得到了空前发展，而亚当·斯密在其两部代表作中对于经济行为的论述又分别出现了两种不同的观点：(1)把人设想为本能上就是自私的动物，追求"自利"(self-love)是人类进行选择和社会走向繁荣的根本动因。这一点在亚当·斯密《国富论》对"自利原则"的阐述中已经体现出来。(2)把人类情感中的"美德""同情心"(compassion)等正面因素，考虑在个体是如何在选择和社会关系中控制自己的感情和行为的。这一点在亚当·斯密的另一部著作《道德情操论》(*The Theroy of Maral Sentiments*)中进行了分析。[①] 虽然亚当·斯密在两个主题之间表述了几乎相互矛盾的观点，但是，他已经将人类心理学和神经科学理论引入了经济学理论著述之中。并且认同了人们在特定环境因素下会通过选择得出不同的经济结果。随着理论的演进，行为经济学又在这一基础上迈了一步，他们提出：人们的行为不仅由有关经济约束条件决定，而且会在很大程度上受到人们内生偏好、知识、机能、天赋以及各种心理和生理约束条件的影响。[②] 通过否认传统理论下理性选择的假说，并接受环境因素所带来的特定行为结果论，能够使我们认识到非理性行为下投资者的"选择"是怎么一回事。

利用行为经济学可以解释许多传统理论所不能概括的问题，比如，它能从"上瘾"这个概念来告诉我们"选择"是怎么一回事；它能从心理学的角度去分析人类是如何在有限认识基础上受理性与自利动机的

[①] Adam Smith. Section II "Of the Degrees of the different Passions which are consistent with Proprirty Introduction" of The Theroy of Moral Sentiments；Adam Smith Archive，https：//www.marxists.org/reference/archive/smith-adam/works/moral/，最后访问日期：2016 年 3 月 25 日。

[②] 弗郎切斯科·帕里西，弗农·史密斯. 非理性行为的法和经济学 [J]. 比较，2005 (21)：110.

驱使；它还能从神经科学的角度去剖析大脑活动和生理缺陷是如何左右人类决策的进行；最重要的是行为经济学对于经济运行的阴暗面而引发衰退的研究，能使我们更深刻地理解资本市场的欺诈和腐败。① 分析这些经济活动的行为动机都是在传统经济学理论基础上进行的更深入的实践。

行为经济学应用于证券市场和投资者领域对金融监管的完善至关重要。从信息披露层面来讲，由于法律规制下上市公司需要公开信息披露，投资者对于披露的信息会带有主观情绪化反映，在心理、生理和环境因素的作用下非理性因素增加，往往会使投资者作出错误的决策，信息披露引导投资者的逻辑出现偏差。况且，我国证券市场中个人投资者居多，大部分人对金融知识知之甚少，要求投资者依靠信息披露作出正确投资决策并形成有效市场，是无现实可行性的。假设投资者只凭自身有限认知进行决策，那么"非认识信息"就会失去市场价值，并阻碍股票流动性。对于保护投资者利益的研究，也必须考虑到"非认知信息"对资本市场带来的副作用，而不仅仅是从如何避免投资者错误决策上下功夫。因此，导入行为经济学来研究投资者在投资活动中的非理性作用对注册制中信息披露制度过渡时期改革至关重要。

（三）信息披露的责任：社会网络分析理论与证券交易竞争规则

在信息披露监管问题中，由于我国证券市场特殊的行政混搭契约治理结构和不成熟的市场环境，使我们在改革的过渡阶段面临诸多体系性障碍与利益冲突。诸如证监会与交易所之间监管权力的分配问题，以及注册制下交易所内部的行政监管与服务监管划分问题等，都影响着以信息披露为中心的注册制改革能否平稳着陆。社会网络分析理论以研究行

---

① 阿克洛夫·席勒. 动物精神［M］. 黄志强，等，译. 北京：中信出版社，2012：23-28.

动者在嵌入特定社会关系网络结构下所进行的行动决策为主要内容。①
这一理论可以使我们更深刻地理解证券市场信息披露监管权力架构的选
择是如何影响投资者对自身事物的决策的；而证券交易竞争规则主张通
过不同模式的信息监管来满足不同规模的企业的融资需求，并在竞争中
推动交易所功能的完善，为多层次资本市场培养更优质的上市资源。因
此，将社会网络分析与证券交易竞争理论引入信息披露监管研究，能更
好地合理规划注册制下信息披露监管架构。

1. 社会网络分析理论的引入

社会网络（Social Network）的本身含义表述为社会节点与社会关
系共同交织成的社会网络结构。在不同的领域，由于节点与关系的性状
差异，社会的网络结构体现出不同的特征。美国学者 John Scott 运用社
会网络概念来检视人与人之间的联系以及这些联系是如何影响经济运行
的，他表示对社会网络的分析能够使我们更好地理解社会问题。② 将社
会网络分析运用于组织行为学，并预测不同社会网络结构如何影响人类
行为模式的是美国学者 Martin Kilduff 和 Wenpin Tsai，③ 他们从四个角
度来分析社会特定网络组织特征：（1）社会网络的密度（Density），指
节点之间的重叠度与密度，密度越高，机会越少。（2）集中度
（Centralization），指节点居于网络中心的位置远近，集中度越高，网络
越僵化。（3）辐射（Reachability），指通过同样的社会关系能够传达到
节点的信息量，辐射越高，网络越有效率。（4）平衡（Balance），指网
络的结构化问题，由社会节点之间的传递性与互动性决定。按照这个模

---

① 弗里曼. 社会网络分析发展史 [M]. 张文宏，等，译. 北京：中国人民大
学出版社，2008.

② John Scott. Social Networks Analysis [M]. 3rd ed. Sage Publications Ltd，
2013：2-5.

③ Martin Kilduff. Wenpin Tsai. Social Networks And Organization [M]. Sage
Publications Ltd，2003：25-32.

式的分析路径，可以研究以市场参与者为节点，以承担信息传递功能的证券市场结构为网络的信息披露监管权力分配问题。另外，美国学者 Lior Jacob Strahilevitz 将社会网络区分为强联系与弱联系，他认为在强联系中人们之间彼此熟悉，更倾向于运用积极的方式来使交易达到良好效果；而在弱联系中人们互不相识，更倾向于运用消极的惩罚手段来确保交易的安全性。① 因此，这一点可以很好地解释：在一个股权高度分散化的资本市场，提高证券欺诈违规成本、严厉惩罚违规者是强化信息披露责任机制的重要手段。

2. 证券监管竞争规则的引入

证券监管竞争机制（Securities Regulatory Competition）与信息披露规则"一体化"（Harmonization）是两个对立的观点。我国证券监管中央高度集权的单一制监管模式是"一体化"的典型体现，然而这种监管机制在市场化过渡时期出现了诸多适应性障碍，最突出的表现为企业直接融资渠道狭窄，融资成本很高，股权融资困难。这也是现阶段实施注册制改革的动因，如果企业直接融资难的问题可以通过其他方式解决，那么我们的确可以不那么急于实施信息披露注册制改革。因此，为了与多层次资本市场的建构相契合，解决监管模式带来的融资难问题，可以考虑引入监管竞争规则。理论认为，参与证券交易的主体只有在充分的竞争压力之下，才能将其功能发挥到最大。

证券监管竞争机制的运用可以表现为两个方面：一个是将"信息披露规则"归属为"格式合同"性质，这样就能将"信息披露规则"商品化。在证券竞争中，假设"信息披露规则"能够通过"格式条款"降低交易双方的融资成本（主要为谈判成本），那么证券中介服务机构则会以不断降低这种融资成本为目的来协助客户完成融资活动，获得盈

---

① Lior Jacob Strahilevitz. A Social Networks Theroy of Privacy [J]. Chicago Law Review, 2005（72）：946-969.

利。因此，通过证券交易所的政策指引与证券中介机构的参与竞争，专业服务人员有足够动力设计出适合不同层次发行人的披露规则，以此来促进交易便捷，提升市场效率。而交易所方面则可以利用竞争效果来反向监管投资者的投资活动，以 A 股账户持有人拥有市值为标准区分机构投资者与个人投资者，对投资层级进行划分，不同的投资层级适用不同的信息披露规则。这一点符合美国证券法新生代法学家 Stephen Choi 的"自我裁剪式的证券监管"（Self-tailored Regulation）理论。① 因此，在多层次资本市场的建设中可以考虑允许证券交易所、证券中介服务机构制定适合自身层级的信息披露规则②，以此来满足证券交易监管规则所预测的理论优势。另一方面，交易所的多层次建设与分级监管需要证券监管竞争规则来刺激其市场效应的发挥。注册制下信息披露的审核工作将转移给证券交易所行使，那么就必然要求交易所在证券监管模式上有所创新。如何认定交易所的基本功能与监管目标，区分行政监管与服务监管是下一阶段信息披露改革的适应性问题之一。理论认为，保持充分的竞争压力，交易所的监管功能才能得到有效发挥。③ 在中央高度集权的单一监管模式下交易所缺乏提高监管功能的动力，并且行政管制的泛滥容易造成监管过度，抑制了交易所的市场价值。证券交易竞争机制的引入能够使交易所的监管职能自发式成长并不断成熟，而政府的行政监管权力将从赋权型监管转变为交易所成熟监管模式的因势利导。证券

---

① Stephen Choi. Regulation Investors Not Issuers: A Market-Based Proposal [J]. California Law Review, 2000 (88): 292-293. Choi 认为，证券监管应采用逆向思维，对证券市场的投资者加以监管，根据 Choi 的观点，以投资者的投资知识和成熟度为标准将其分为四类：发行人层次的投资者、金融中介层次的投资者、集合层面的投资者 (aggregate-level investors) 和不成熟投资者 (unsophisticated investors)。同时，对投资者实行考试和许可方式，对于考试得 D 的投资者，只能进行有限的投资。

② G. Mahoney. The Exchange as Regulator [J]. Virginia Law Review, 1997 (83): 107.

③ 彭冰，曹里加. 证券交易所的监管功能研究：从企业组织的视角 [J]. 中国法学, 2005 (1): 67.

交易所竞争模式的展开将从构建多层次、多种产权结构的区域性交易所开始，通过这种差序格局的存在来形成竞争环境。这种适应不同企业规模的多层次股权融资平台的建立，为上市公司融资提供了更多选择。并且，交易所未来竞争机制的优势也是可以预见的：（1）区域性与全国交易所的差序格局，是政府监管竞争理论和多样化监管政策的具体实施场所。（2）有利于全国、区域性交易所竞争，形成有效的信息反馈和自动纠正机制。（3）企业根据规模和融资需求，以公司注册登记地为连接点，选择最适合自身情况的证券监管体制，实现融资权利。（4）通过不同层次的交易所竞争，形成法律规范和市场自律监管机制，通过区域性股权交易所为全国证券交易所培育良好的上市资源。例如：一支美国股票的成功之路就大致是从粉单市场（Pink Sheet）到纳斯达克（NASDAQ）再到纽约证券交易所（New York Stock Exchange）。

本 章 小 结

本章节阐释了注册制下信息披露制度的基本面问题。通过对信息披露的法律本体释义和运用机制介绍，使信息披露应用于证券监管一线领域的原因得到了合理解释。由于信息披露主义与社会主流价值观产生了共鸣，并有效促进交易行为，使其成为解决企业直接融资的制度契机。在国际范围内对证券发行模式选择与信息审核机制进行比较研究后，找到了注册制信息披露的本土化路径规划和内在要求。在理论层面，对注册制下关于信息披露的传统理论信息不对称诱发市场失灵和有效市场假说的逻辑提出了质疑，通过引入信息披露成本效益分析、投资者行为经济学分析、社会网络分析理论以及证券监管竞争规则，可以解释许多当下国内证券市场面临的现实困难，使信息披露更加符合过渡阶段制度改革的适应性安排。

关于信息披露的法律本体释义方面，包括了信息披露的内涵、运用、法律制度化以及我国以信息披露为中心的注册制度缘起等内容。

概括来说，信息披露的概念并非源自法律，但其被广泛地运用到社会组织行为学中。信息披露制度被纳入证券监管领域起源于 18 世纪公司制初成的英国，成长于 1911 年《蓝天法》初创的美国，其目的都是为了通过公开公司信息以达到阻吓证券欺诈的效果。运用层面上，信息披露在政治上的成功得益于其运用机理符合社会主流意识，诸如：（1）自由原则精神。（2）个体自治原则。（3）事实自证原则。这些都使得信息披露在监管领域没有堵死立法者、上市公司和投资者的任何一条道路，而只要三者扮演好各自的角色，就能使监管发挥功效。以信息披露为中心的注册制缘起是由当下我国经济政策形式的需求引起：（1）政府简政放权的趋势，加快证券法律制度和注册制的出台。（2）市场主导地位的提升，从 2001 年至 2015 年沪深两市上市公司增长数量和资本流通总市值增长情况来看，我国资本市场在这十五年间得到了显著发展。（3）直接融资需求的扩张，新兴行业由于公司盈利模式的限制，使得进入资本市场的进阶门槛遭遇实质审核瓶颈。因此，以形式审核为主的注册制契合了改革动因。

关于注册制对于信息披露的要求，根据各国和地区政治体制与地缘文化的区域性差异，不同的监管模式也体现在选择证券发行模式与信息披露审核机制中。实施注册制的国家和地区包括：美国、日本、中国台湾地区；实施核准制的国家和地区包括：英国、中国香港地区，以及注册制与核准制混合模式的德国。其中，以美国双重注册制的监管模式最为典型，并且发展最为成熟。其对信息披露的要求以美国证交会提出的全面性（Comprehensiveness）、相关性（Relativity）、及时性（Timeliness）、可靠性（Reliability）、可比性（Comparability）和重要性（Materiality）为六种主要标准。而中国香港地区虽然属于核准制范围，但其作为亚洲最重要的金融中心之一，在证券监管和交易所运营机制上大部分方面均领先于亚洲其他地区，另外，由于地缘、语言、政治原因，香港证券市场的监管模式要比美国双重注册制对中国内地的影响更深。在香港，最重要和最有效的信息披露监管是香港交易所依照《上市规则》对"质量规范"的监管。我国以信息披露为中心的注册制，从宏观层面上来看一直坚持证券发行以"公开、公平、公正"的"三公原则"作为信息披露的指导性原则。在信息披露的具体内容上，审核重点在于信息披露文件的齐备性、一致性、可理解性。通过整理我国证券监管机构各部门对上市公司公开信息披露的要求，可以发现对信息披露的原则要求主要体现为：真实性、准确性、完整性、公平性以及及时性。虽然，各国各地区对证券发行的监管模式和信息审核方式不一致，但是可以从这些分裂的规范中找到一条共同的规律，即各国各地区对证券发行制度和信息披露审核模式的选择是依靠本国市场化程度的发展来逐步实现的。并且，这种机制选择的现实基础在于：针对不同市场的发展程度制定差异化证券发行标准，以此来满足多层次企业的融资需求。无论各国各地区是何种制度选择，都极其注重信息披露内容、信息披露质量以及对信息审核流程的公正、公开。

关于注册制下信息披露的相关理论，以注册制中信息披露改革面临的适应性问题为研究起点，建立在两个"悖论"与四个"引入"的理论选择框架之上，分别对应信息披露的生产、引导逻辑以及监管层面，力求对信息披露过渡适应性法律问题通过科学的理论方式——导出。具体来说，（1）信息不对称引发市场失灵的悖论，意在指出信息披露的主要功能并非抑制市场失灵，而在于降低融资成本。这才是上市公司进行信息披露的根本动机。对于信息披露能够抑制市场失灵的逻辑导向，将会使注册制改革陷入"全面披露"的盲区，强制信息披露的"棘轮效应"会徒增发行人的融资成本，给市场带来负担。（2）CBA 成本效益分析理论的引入。首先将"信息"的概念内化为发行人的"信息资产"，并根据"信息资产"的特征去改造披露内容架构，使其符合经济学理论预设。其意义在于它更加看重"市场的价值"以及"成本收益的效果"，目的在于最大化合作收益，并通过"高质量的信息披露"在强制与自律监管层面赢得"行政声誉"以及"信用声誉"。以成本效益分析理论对信息披露生产进行结构调整，即在成本方面对强制信息披露内容进行改造，缩减披露成本。在收益方面对自愿信息披露内容予以预设，最大化交易收益。通过成本收益之间的结构性改造来提高信息质量，促进融资便捷。（3）有效市场假说悖论。按照 EMH 的理论逻辑，注册制下证券市场对新的市场信息反应迅速且准确，证券价格能完全反映全部信息（有效的信息披露）。然而，EMH 所面临的最大的两个理论挑战就是：一方面投资者并非完全理性，且不是偶然偏离理性，而是经常以同样的方式偏离理性；另一方面是证券市场并非经常有效率。现阶段我国资本市场存在一定的系统性风险。信息披露改革的适应性问题在这个理论中找不到预测优势。（4）行为经济学分析理论的引入。从信息披露层面来讲，由于法律规制下上市公司需要公开信息披露，投资者对于披露的信息会带有主观情绪，在心理、生理和环境因素的作用下非理性因素增加，往往会使投资者作出错误的决策，使信息披露引导投资者的逻辑出现偏差。因此，导入行为经济学来研究投资者在投资活动中的非理性作用对注册制中信息披露制度过渡时期改革至关重要。（5）社会网络分析理论的引入，主要是指同一主体在不同的领域，由于社会网络结构的不同，会表现出不同的行为模式。美国学者将社会网络分析运用于组织行为学，来预测不同社会网络结构如何影响人类行为模式。这种分析方法可以用来研究以市场参与者为节点，以承担信息传递功能的证券市场结构为网络的信息披露监管权力分配问题；以及根据网络关系之间的强联系与弱联系，可以解释在一个股权高度分散化的资本市场，提高证券欺诈违规成本、严厉惩罚违规者是强化信息披露责任机制的重要手段的逻辑。（6）证券监管竞争规则的引入。理论认为参与证券交易的主体只有在充分的竞争压力之下，才能将其功能发挥到最大。其运用层面可以表现为两个方面，一个是将"信息披露规则"归属为"格式合同"性质，这样就能将"信息披露规则"商品化。在证券竞争中，证券中介服务机构则会以不断改良"信息披露规则"来降低融资成本，协助客户完成融资活动，使信息披露规则在竞争中优化。另一方面，交易所的多层次建设与分级监管需要证券监管竞争规则来刺激其市场效应的发挥，通过不同层次的交易所竞争，形成法律规范和市场自律监管机制，通过区域性股权交易所为全国证券交易所培育良好的上市资源。关于以上两个"悖论"与四个"理论"的引入，都将为后文注册制下信息披露制度的规则设计提供理论支持。

第二章　股票发行注册制下的信息披露规则审视

　　本章是对我国股票发行制度中信息披露监管的综合观察，力求通过对信息披露制度演进、法律监管框架和信息披露责任的总结来避免未来制度改革容易陷入的研究盲区。第一部分主要阐述由于长期以来证券市场服务于企业融资的使命，形成了我国上市公司的特殊治理结构。因而，在了解我国证券发行制度的变迁历程后，基于社会网络理论可以解释和预测法律研究对象所嵌入特定社会网络结构后信息披露监管模式的发展趋势。并且，在核准制向注册制过渡时期，以还原美国联邦层面注册制的域外法制全貌为基础，理解信息披露的审核并非简单的实质审核与形式审核二元分法，可以更深刻地解析信息披露审核的功能机理。第二部分关于现阶段信息披露的盖然性划分、法律监管框架和信息披露责任的分析，可以看到我国信息披露现存症结以及执法监管的乏力，依赖脆弱的行政执法体系难以约束日益猖獗的证券欺诈行为。最后，通过比较研究中美两国在信息披露监管理念上的差异，得出我国以信息披露为中心的注册制改革过渡时期需要避免的研究盲区，即实质审核与形式审核的二元分法对立、忽视社会网络结构的差异化以及信息披露违规成本过低的三大症结，为之后的信息披露本土化路径规划研究进路作好理论铺垫。

一、股票发行制度与信息披露审核方式

我国以信息披露为中心的注册制改革动因是在现阶段中小企业融资困难、金融系统风险并存背景下的政策表现。理解信息披露功能机理和监管架构，离不开法律体系、法律执行以及政治基础共同构建的法律制度全貌，这同时符合社会网络分析理论对基础节点与社会关系网交织下行为主体将如何变化的特殊理论预测。因而，以信息披露为中心的注册制的改革研究，必须是在我国证券发行制度变迁的大背景下，而还原美国联邦层面的注册制信息审核模式框架，能够解释由于美国证交会与中国证监会所嵌入的社会网络结构不同，其二者在注册制下信息披露的监管模式亦有所区别。

（一）我国股票发行制度的演进

股票首发上市的实质是公司融资，在证券发行监管部门负责下这一部分属于证券发行制度体系。我国证券发行制度从 1993 年至今大体经历了两大模式下四小机制的演进。我国证券市场的主要功能也经历了从为国有企业改革服务过渡到承担解决中小民营企业融资难。

20 世纪 90 年代属于配额制时期。配额制模式分为两个阶段：一是从 1993 年至 1995 年，实行"额度制"，由地方政府选择上市公司资源。① 中央将上市公司的监管权通过计划分配的方式授予地方政府，对于上市公司资源表现较好的地方政府，中央将给予更多的配额。二是1996 年至 2000 年，实行"指标制"，地方政府通过推荐上市公司来获得指标分配，因此在政府系统内部解决了上市资源的甄选。在配额制时

---

① 1993 年《公司法》第七十七条规定："股份公司的成立需要经过地方政府的批准。"

期，顾名思义，通过额度分配的方式从中央到地方形成了我国上市公司的特殊治理结构。

21 世纪，2001 年 3 月至今为核准制时期。随着国有企业股权分置改革的结束，证券市场服务于国企改革的政治使命也顺利完成。随即在股票发行制度上逐渐放开了供给。2005 年《中华人民共和国公司法》修订，取消了地方政府对公司股份制改造的审批，并且随着 3 年证券公司治理攻坚阶段的结束，保荐资源已从地方政府转移到"保荐人"手中。① 从 2001 年 3 月至 2004 年 2 月，实行"通道制"，业界将这个时期称为"券商角色归位"，证券公司获得了甄选上市资源与自主安排项目的权利，2004 年共有 83 家券商拥有 318 个通道。② 每推荐 1 家上市公司占用 1 个通道，直至发行股票核准上市又开始重新排期，这种选拔模式促使证券公司愿意挑选优质的上市资源来提高通道周转率。从 2005 年 1 月至今，实行"保荐制"，中国证监会再造一个承接推选上市公司资源的角色——保荐人，符合规定资格的保荐人推荐适格的公司，并对发行人的信息披露质量提供持续督导和信用担保。为了进一步规范保荐人市场，2010 年证监会颁布了《证券公司分类监管规定》，明确了五类 11 级的券商分类标准和评价程序。③ 从 1993 年至今，由配额制发展到核准制，关于我国证券发行制度变迁通过表 2.1 所示可以一览其概貌：

---

① 保荐人搜集分散的公司信息。在配额制的环境中，地方政府与国家部委在公司上市筛选中扮演主角，证券公司的"核心竞争力"不是业务能力与市场声誉，而是政治人脉（Political Connections）。

② 沈朝晖. 证券法的权力分配 [M]. 北京：北京大学出版社，2016：166.

③ 《证券公司分类监管规定》（2010 年修订）第十七条规定，"中国证监会根据证券公司评价计分的高低，将证券公司分为 A（AAA、AA、A）、B（BBB、BB、B）、C（CCC、CC、C）、D、E 等 5 大类 11 个级别"。A 类是创新类证券公司；B 类是规范类证券公司；C 类为高度风险类证券公司；D 类为处置类证券公司；E 类为已被采取处置措施的公司。

表2.1　　　　　　　　我国证券发行制度的历史变迁①

时间	机制		首发上市流程
1993—1995	审批制	额度制②	中央政府利用地方政府之间的竞争，对于选择公司表现好的地方政府，给予更多配额。表现差的通过 ST 与摘牌等方式去惩罚地方企业，从而在中央与地方政府之间的行政关系中解决了公司上市的选择问题，形成了中国上市公司的特殊治理结构
1996—2000		指标制③	指标分配，行政推荐。在政府系统内部解决了遴选公司上市的重大问题
2001.3—2004.2	核准制	通道制④	股东大会决定公司上市与否省政府或国务院批准同意主承销商利用通道推荐
2004.2—2016.3		保荐制⑤	程序一：有限责任公司向股份有限公司的股份制改造：除规范确认外，发起设立、募集设立、有限公司整体变更
			程序二：保荐人的立项评估与内核程序：过会导向、实践中的"经验模式"

———————————

①　笔者查阅了 1993 年至 2016 年部分相关《中国证券监督管理委员会公告》，手工整理。

②　参见《股票发行与交易管理暂行条例》（1993 年）第十二条。

③　关于股份公司成立的批准机关：根据 1993 年《股票发行与交易管理条例》第十二条、1993 年《公司法》第七十七条规定，"股份公司的成立需要经过地方政府的批准"。1999 年《公司法》再次修订后第七十七条规定，"股份有限公司的设立必须经过国务院授权的部门或者省级人民政府批准"。2005 年《公司法》再次修订时则取消了股份制改造的政府审批制。

④　1999 年《公司法》再次修订后第七十七条规定，"股份有限公司的设立必须经过国务院授权的部门或者省级人民政府批准"。

⑤　参见《中国证券监督管理委员会发行审核委员会办法》第四章"发审委会议"。中国证监会. 中国资本市场发展报告 [M]. 北京：中国金融出版社，2008：65.

续表

时间	机制	首发上市流程			
2004.2—2016.3	核准制 保荐制	程序三：地方证监局的辅导验收："三会"——规则建立、独立董事、重大投资决策；"五独立"——业务、资产、财务、人员、机构等独立于控股股东			
		程序四：中国证监会的申报受理与预审	综合处	缴费	
			预审阶段	"三会"：见面、反馈、部例会	
				"三阶段"：预审、初审、发审	

　　从表中可以详细地看到我国证券发行制度的变迁历程，并且将每个制度的审核流程进行了总结。从中我们可以发现这些制度在不同时期分别承担的功能以及它们所表现出来的体制弊端。在中国特定社会网络结构决定下，核准制时期企业首发上市的预审、初审流程表现为在上市选拔与发行审核上实行严格的科层制，使公司上市的渠道与机会十分狭窄，并且在缺乏市场监督的情况下无法确保地方政府会有效利用地方资源优势挑选优质的上市资源，相反由于缺乏监督和竞争压力，有可能引发道德风险与逆向选择。而经过二十多年企业排队上市、限报家数的程序化运作，中国证监会已经形成了一套相对成熟的权力制衡体系，这种逐渐固化的科层制形如马克斯·韦伯所说的"官僚制运作"①。而"官

───────────────

　　① 马克斯·韦伯. 经济与社会［M］. 林荣远，译. 北京：商务印书馆，1997. 韦伯将社会组织划分为："魅权型"（Charismatic authority）即崇尚个人领袖的超凡魅力，"传统型"（Traditional authority）即以被统治者心理习惯性服从为限，"合理—法理型"（Rational-legal authority）即管理的步骤源于法规并摆脱长官意志，确立了非人格化秩序。在证监会长期行政管制下我国证券发行市场的监管模式更加趋于"传统型"与"合理—法理型"之间。而在过去二十年中，企业排队上市、限报家数的程序化管控已经将"官僚制"（Bureaucrat）特征固化，因而市场与交易所的功能没有得到发挥，这也是改革去管制化的原因之一。很明显，中小民营企业希望通过资本市场渠道进行融资，保荐人希望通过保荐赚钱。如果有其他方法解决中小企业融资问题，那么要求中国证监会放弃实质审核、向注册制改革的压力就会变小，也能更从容地挑选优质公司上市。

僚制"本身的含义，在韦伯的定义中原是一个中性词，他从纯粹技术层面理解"官僚制"是一种理想类型（ideal type）的行政组织，以"分部—分层、集权—统一、指挥—服从"为特征的组织形态，正如从中央到地方形成的中央统一集权，交易所听从于证监会行政安排的模式一样，之后对"官僚制"的批判源自 19 世纪的欧洲，逐渐隐含文牍主义、推卸责任、拖沓延误的工作作风之意。① 而事实上缺乏市场运作与行政管控过甚的证券市场功能确实是由严格服从科层制逐渐演化为官僚制运作的过程。从行政管控方面观察，2016 年初"熔断机制"的昙花一现正是说明了证监会监管政策的出台已经严重低估了市场系统性风险的存在，四天内 A 股两次熔断提前休市的场景使其在短时间内成为坊间茶余饭后的笑谈，对行政监管造成了诸多负面评价。这种政策的乱入正体现了借鉴域外制度的轻率以及证监会行政监管机制与市场基础的脱钩。因此，现阶段为了满足中小企业融资的压力而推行的注册制改革，除却"政治动因"的影响，最重要的是科学理论的推导。而对于注册制中信息披露的改造，需要我们还原域外法制的全貌，进而进行知识再生产。

（二）注册制与核准制之争：实质审核的取舍

为了更加深刻地理解注册制与核准制的异同，以"美国联邦注册制"与"我国发审委核准制"作为二元悖论的文献起点，是解释这个问题绕不开的话题。在介绍我国证券发行制度变迁历程后可以得出两个结论：（1）浓厚的政治服务色彩。我国证券发行监管的变迁路径是以不同时期解决不同产权结构和模式的企业融资为发展规律的。（2）集权化单一制监管。我国证券监管体系始终以中央集权单一监管模式展开，上市资源的选拔与信息披露审核的权力配置由中央决定。然而，这

---

① 戴维·米勒. 布莱克维尔政治学百科全书 [M]. 北京：中国政法大学出版社，1992：76.

种监管模式与美国的"双重注册制"并不契合，缺少了"地方"与"州"层面的对应，因为美国联邦层面注册制的实施是以州层面的实质监管为基础。如果只以联邦证券交易信息披露监管制度为效仿范围，忽视了信息监管实质审核与形式审核的结构层次，那么无论如何移植，最后都只能得到一个"盲人摸象"的结果。

1. 美国联邦注册制信息监管

美国证券市场发展的早期是以个体经纪人作为客户代理来完成证券交易流程。这一时期由于市场范围较小，交易群体之间往来熟络，社会网络的强联系使得大家更倾向于依靠自律来赢得公共秩序的良好运行，因而对正式的监管模式需求不高。直至 19 世纪 80 年代资产证券化以及公司制的蓬勃发展使得交易行为的外部化与涉众性大大加强。罗斯福新政之前，美国资本市场一向秉持着自由贸易原则，以崇尚市场自主调节的理念来维持经济的繁荣，然而在这种缺乏外部监管的环境下，内幕交易、操纵市场、弄虚作假等欺诈行为也层出不穷，直到 1929 年金融危机爆发，美国金融监管发生史上重要转折。[1] 罗斯福总统采纳了凯恩斯"国家干预经济"的理论，并将行政监管机制以法律的形式颁布，新政策认为证券交易信息只有充分暴露在公众审核之下时，不法行为才会得到遏制，进而对证券市场采取贯彻了"披露主义"原则。随后出台了一系列以"信息披露"为中心的法律，如《1933 年证券法》和《1934 年证券交易法》，后者在立法时，基于国会反对派与改革派的斗争，再造一个第三方监管机构——美国证券交易监管委员会（Securities Exchange Commission，SEC）来代替联邦贸易委员会与储备委员会的监管职责，初步形成了美国联邦证券交易信息监管的

---

① 约翰·S. 戈登. 伟大的博弈：华尔街金融帝国的崛起（1653—2004）［M］. 祁斌，译. 北京：中信出版社，2005：119-161.

基本架构（参见表2.2）。

表 2.2　　　　　　　　美国联邦证券交易信息披露监管架构表

基本原则	证券发行	遵循"全面披露"与"审慎披露"原则①
	证券监管	遵循"尊重市场主体交易自主"原则②
理论基础		通过政府介入市场主体交易过程中的信息披露监管，避免"信息不对称"所造成的市场博弈失衡③
监管机构		美国证券交易委员会（Securities Exchange Commission，SEC）④
SEC 下辖 制定法⑤		《1933 年证券法》和《1934 年证券交易法》 《1935 年公共事业控股公司法》和《1939 年信托契约法》 《1940 年投资公司法》和《1940 年投资顾问法》 《1970 年证券投资者保护法》和《1978 年破产改革法》 《1996 年全国证券市场改进法》 《2002 年萨班斯-奥克斯利法》

① 乔尔·塞利格曼. 华尔街变迁史：证券交易委员会及现代公司融资制度的演化进程：修订版 [M]. 田风辉，译. 北京：经济科学出版社，2004：41.

② 托马斯·李·哈森. 证券法 [M]. 张学安，译. 北京：中国政法大学出版社，2003：6.

③ 中国证券监督管理委员会. 美国《1933 年证券法》及相关证券交易委员会规则与规章（中英对照本）. 北京：法律出版社，2015：3.

④ 美国证交会的成立：在《1934 年证券交易法》立法过程中，基于美国国会反对派与改革派相互斗争的结果，再造一个新的监管机构——证券交易委员会（Securities Exchange Commission，SEC）代替联邦贸易委员会与联邦储备委员会对证券交易信息披露的监管。参见乔尔·塞利格曼. 华尔街变迁史：证券交易委员会及现代公司融资制度的演化进程：修订版 [M]. 田风辉，译. 北京：经济科学出版社，2004：97.

⑤ 路易斯·罗斯，乔尔·塞利格曼. 美国证券监管法基础 [M]. 北京：法律出版社，2007：32-47.

续表

SEC 信息披露 规则规章	信息披露注册表格：S 系列表格（美国境内）、F 系列表格（境外来美上市）	
	公开披露	EDGAR 证券信息电子化披露系统① （Electronic Data Gathering, Analysis, and Retrieval System）
		IDEA 交互式数据电子应用系统② （Interactive Data Electronic Applications）
SEC 信息 审核③	1. 发行人向 SEC 进行招股与交易信息文件登记 2. SEC 对法定信息披露形式审查"如实披露"（及时、全面、公平） 3. SEC 充当保障市场信息得到有效披露的"看门狗"（watch-dog） 4. 针对材料的"缺陷"（deficiencies）提问直到认为合适的时候	
信息披露 违规处罚④	1. 刑事责任——司法部追诉 2. 民事责任——交易对手追诉 3. 行政责任——SEC 证交会追诉	

如表 2.2 所示，在两部证券法颁布之后，《1935 年公共事业控股公司法》《1939 年信托契约法》《1940 年投资公司法》和《1940 年投资顾问法》相继出台，成为 SEC 管辖下美国证券监管法的基础。1996 年

---

① 美国 EDGAR 系统（the Electronic Data Gathering, Analysis, and Retrieval System），即电子数据化收集、分析及检索系统，是 SEC 的证券信息电子化披露系统。以电子化方式，主要是通过互联网提交、传递、接受、审核、接受、加工存储和分发证券信息。1996 年 SEC 规定所有信息披露义务人都必须进行电子化入档。近年随着 XBRL 技术的发展，SEC 宣布 XBRL 系统将逐步取代 EDGR 系统。

② 美国 IDEA 系统（Interactive Data Electronic Applications），即交互式数据电子应用系统，可以实现所有公开发行证券的公司、共同基金、评级机构数据标准化分析。

③ 中国证券监督管理委员会. 美国《1933 年证券法》及相关证券交易委员会规则与规章（中英对照本）. 北京：法律出版社，2015：3.

④ 马朝阳. 国外股票发行制度中的承与销 [N]. 中国证券报，2004-08-27（3）.

《全国证券市场改进法》解决了联邦与州层面重叠监管的问题，并释放出一些获得"州豁免"的证券。我国公司若要在美国上市，按照该法案规定是在纽交所（NYSE）或纳斯达克（NASDAQ）上市，属于在全国性股票交易市场上，符合"州豁免"规定。美国证交会根据美国《1933 年证券法》授权，对信息披露的审核规则进行了细化，分别制定了一系列规则（rules）与规章（regulations），同时以此为依据颁布了系列信息披露程序系统，包括"信息披露注册表格"（本国适用 S 系列表格、国外来美上市适用 F 系列表格），以及电子信息披露系统——EDGAR 证券信息电子化披露系统。EDGAR 系统是美国证券市场最重要、使用最频繁的数据中心，SEC 官方介绍 EDGAR 系统建立的目的是使美国证监会信息处理的效率提高，使投资者、金融机构和其他人士及时获得市场信息。还有 IDEA 交互式数据电子应用系统，可以实现所有公开发行证券的公司、共同基金、评级机构的数据共享。这些信息披露电子系统对处理数据分类、节约信息采集成本、增强信息披露效率与质量、提高市场有效性具有重大意义。① 在 SEC 管辖下，信息披露的审核工作以形式审核为限，采取"如实披露"（及时、全面、公平）原则，SEC 将针对发行人申报材料的"缺陷"进行提问并出具审核意见书（Letter of Comments），通常都是关于企业信息披露的问题。在审核过程中有两个关键点值得注意：（1）SEC 会对企业的盈利状况、未来盈利预期等实质性问题提问，但该提问一定不是信息披露的硬性要求，而是 SEC 认为某些特定投资者需要了解这部分内容。（2）SEC 审核过程中并没有专门针对真实性的事前核查，而是将对企业信息披露的真实性要求隐含在事后追诉权力中。② 因而，在信息披露违规后的追诉机制也因行为性质的不同而分别导致美国司法部对刑事违法的追诉、交易对

---

① 中国证券业电子化信息披露智能支撑平台，证券信息技术知识库 [EB/OL]．［2016-04-16］．；http：//www. sse. tech/wiki/service；techmag；201206_007；06.

② 美国的发行与上市审核制度，中国证监会网站 [EB/OL]．［2016-04-16］．http：//www. csrc. gov. cn/pub/newsite/ztzl/xgfxtzgg/xgfxbjcl/201307/t20130703_230242. html.

手对民事责任的追诉以及 SEC 对违规行为作出的行政处罚。

2. 我国核准制下的发审委实质审核

2015 年 12 月全国人大授权国务院调整适用《证券法》关于股票发行核准制度的有关规定，在决定之日起授权两年内对拟在上交所、深交所上市交易的股票实行注册制度，证监会对具体事项作出制度安排。① 在此之前，我国证券发行监管依然实施核准制。2005 年修订的《证券法》对核准制规定为"公开发行的股票必须经证监会或国务院授权的部门核准"。② 而对上市公司信息披露的审核工作则交由证监会下辖发行审核委员会进行。③

核准制下发审委是证监会最重要的组成部门之一，承担着与信息审核密切相关的职能。在核准制下，发审委对信息的审核主要是对信息披露进行实质审核，以对拟上市企业的商业价值和盈利能力作出判定。

发审委的组成人员分为证监会内部人员与会外人员两大类别。从发审委的历史沿革来看，其主要经历了四个阶段：（1）发审委初设阶段（1993 年 6 月至 1999 年 9 月）。这一时期，发审委人员初创，每届委员 20 人，任期一年，证监会聘任社会各行业专家占发审会人员的 50%，对证监会发行部的预审意见实施复审，对上市与否的表决实行

---

① 参见中国证券监督管理委员会《积极稳妥推进股票发行注册制改革》，证监会发布 2015-12-09.

② 参见《中华人民共和国证券法》（2005 年 10 月 27 日修订）第二章第十条规定："公开发行证券，必须符合法律、行政法规规定的条件，并依法报经国务院证券监督管理机构或者国务院授权的部门核准；未经依法核准，任何单位和个人不得公开发行证券。"

③ 参见《证券法》（2005 年 10 月 27 日修订）第二十二条规定，国务院证券监督管理机构设发行审核委员会，依法审核股票发行申请。从立法层面明确了发审委的地位和职权。2009 年修订后的《发行审核委员会办法》第三条规定，证券发行经发审委表决通过后，证监会有权依据法定条件和程序作出核准或不予核准的决定。

"无记名投票制"，实行严格的额度管理与行政审批。（2）发审委条例阶段（1999年10月至2003年11月）。这一时期相继出台了《股票发行审核委员会条例》《股票发行核准程序》《股票发行上市辅导工作暂行办法》等文件，构建了核准制的基本法律框架，并明确了发审委的机构职能，其作为证监会外设机构的特征初现端倪。在议事流程上扩大了会外专家的比例（占委员人数78%，包括香港专业人员），并采取2/3无记名表决通过制，未通过表决的企业可以有一次机会申请复议。（3）新发审委制度实施阶段（2003年12月至2006年4月）。这一阶段证监会力图使发审委工作更加契合市场要求，提高审核透明度。废止了《股票发行审核委员会条例》，陆续颁布了《股票发行审核委员会暂行办法》与配套细则。在委员组成上调整为证监会人员5人，行业专家20人，共25人。在议事流程上改用"记名投票"，委员不能投弃权票。① 同时，新法取消了委员身份保密规定，意在突出委员在议事中的独立决策性和审核透明性。并且增加了委员问责督导机制，强化审核责任。（4）发审委改革阶段（2006年5月至今）。这一阶段发审委主要进行了两次重要改革，一是2006年5月8日证监会审议通过了《发行审核委员会办法》，将审核程序划分为普通程序与特别程序，② 旨在提高发行审核效率。并且完善了发行人接受询问与委员会暂缓表决制度，③ 旨在保持审核结果的合理公允性。二是2009年单独设立"创业

---

① 关于对委员不能投弃权票的理论根据在于，专家委员由证监会外聘，因此委员所行使的决策权属于委托代理关系内容，并非处理自身事物权能，因而其不享有"弃权"的权利。

② 关于普通程序与特别程序的适用：发行人公开发行股票申请和可转换债券等其他公开发行的证券申请适用普通程序，而上市公司非公开发行证券申请则适用特别程序，例如不公布发行人名单、会议时间等。

③ 关于发行人接受询问和委员提议暂缓表决的制度：发审委会议对发行人的股票发行申请形成审核意见之前，可以请发行人代表和保荐代表人到会陈述和接受委员的询问；委员发现存在尚待调查核实并影响明确判断的重大问题，应当在发审委会议前以书面方式提议暂缓表决。

板发行审核委员会",人数 35 人,任期一年,且不得兼任主板委员。①
关于发行审核委员会的组织机制和议事流程结构参见表 2.3。

表 2.3 证监会发行审核委员会组织机制概览

	历史沿革	审核文件	议事方式	功能	流程改造
发行审核委员会	1993 年初创	企业申请文件。证监会初审报告	引入中介力量成为委员,进行实质审核	实质审核功能	需要通过辩论增加沟通
	1999—2001 年审核程序与实体规则细化				
	2003 年新发审委制度试行	不独立原因:议事规则中执行的法律由证监会制定,材料由预审员传递,人员聘用由证监会决定	委员无记名转为记名投票表决,由于证监会与发审委的委托代理规则,所以委员议事没有"放弃权"	证监会保护机制,隔绝外部影响	逆序发言,防止"羊群效应"
	2006 年组织与会议规则形成			公司委员合作的制衡机制	"一个时间只谈一件事",拆分问题
	2009 年补充创业板规定			对不合条件公司的威慑或阻却	

根据表 2.3 所示,发审委在履行实质信息审核职能的这段历史时期
中也在不断地展开部分改革,从人员组成到议事流程的更迭和完善,逐
渐衍生出多元化和市场化导向。诸如为了加快企业融资效率,单独设立
创业板审核程序;在委员会组成人员上不断调整内外比例,以加强审核
的透明度与公允性;而在议事流程的改革上,通过科学借鉴有益经验,
使得表决的结果更加合理。有学者认为,发审委议事流程的再造可引入

---

① 新股发行体制改革" 发审委制度的历史和作用",中国证监 [EB/
OL]. [2016-04-19]. http://www.csrc.gov.cn/pub/newsite/ztzl/xgfxtzgg/xgfxbjcl/20
1307/t20130703_230246.html.

"罗伯特议事规则",拆分问题并加强委员之间的交流与辩论,在发言顺序上采用"反资历规则"(Sanhedrin's Anti-seniority Rule)以避免"羊群效应"。① 笔者在此认为,无论是形式审核还是实质审核模式下议事流程的再造都可引入这三项有益借鉴:(1)逆序发言;(2)分阶段讨论单个问题;(3)加强辩论沟通。

尽管发审委一再强调信息审核机制的"透明性"、委员决策的"独立性",但是仍存弊端。总体表现为证监会领导下发审委的表决机制无法完全独立,具体表现在以下三方面:(1)证监会是发审委进行决策的法律依据的权威解释者,发审委以《证券法》《股票发行审核委员会条例》与配套细则作为其监控与预判的依据,而证监会是这些法律规范的制定者。(2)发审委用来决策的信息来源于预审会,而在信息的筛选与传递中难免会受到证监会预审会信息偏好的影响。(3)外部委员的组成是由证监会决定与聘用,在聘用关系下外部专家委员的信用声誉与市场价值都受制于证监会。因此,机构设置的行政从属性将会使信息披露的审核结果从根本上就缺少独立决策的能力,这是现行实质审核机制下的一个被忽视的弊端。

二、信息披露的监管现状

(一) 信息披露的功能机理

1. 信息披露的分类

信息披露作为现代金融监管最重要的手段之一,其披露内容、时区

---

① 参见罗伯特. 罗伯特议事规则:第10版[M]. 袁天鹏,孙涤,译. 上海:格致出版社,2008:270-271. 在群体会议上的发言顺序是有讲究的,最早源于古犹太国监管司法和宗教事务的最高参议院所制定。"反资历规则"(Sanhedrin's anti-seniority rule)即资历越高的人,越后发言,官员身份后于专家身份发言,外聘人员先于专职人员发言。"羊群效应",亦可称为群体思考综合征,在委员行政职务不同的情况下很容易导致陈述的意见失去独立性。

分段与法律性质等结构因素在理论研究与实务操作层面都经历了近百年的演化与发展。在立法者与行为人的持续博弈下，信息披露一直因势利导地徘徊在市场加强管制与放松监管的反复之中。迄今为止，我们依然在饶有兴趣地探索信息披露的价值，并且在不遗余力地完善披露内容，以期实现其社会价值的最大化。而每次改革法案的颁布，也总是与当下发生的市场情势相连。因而，在法律人与市场行为的综合作用下，信息披露制度已经形成了一套内容有序、层次分明的法律规范。上市公司信息披露分类情况参见表 2.4。

表 2.4　　　　　上市公司信息披露分类情况一览

信息披露内容分类		
财务信息	是信息披露内容的核心部分，也是信息披露的最初发端。由于财务会计信息的技术性和复杂性，使其成为监管的难点和重点	
公司治理信息	是信息披露内容的重要部分，与上市公司绩效和信息披露质量密切相关	
重大事件信息	对上市公司经营活动和股价波动产生重要影响，同时也与内幕交易违法行为密切相关	
管理层讨论与分析信息	对公司过往业绩的评价和对公司未来发展的前瞻性预测。符合投资者价值相关性要求	
证券发行信息	按照法律规定，披露与证券发行有关的信息	
信息披露时间分类		
一级发行市场信息披露	招股说明书	
	上市公告书	
二级交易市场信息披露	临时报告	重大事件公告
		公司收购公告
	定期报告	年度报告
		中期报告

信息披露性质分类	
强制信息披露	按照法律规范的强制要求，对公司概况、基本财务信息、重大关联交易、主管业务、审计意见、董事及高管基本信息进行披露
自愿信息披露	以公司盈利为目的的自利行为，对公司发展战略、企业竞争优势分析、市场风险分析、公司实际运作信息、前瞻性预测信息、并购信息、投资项目分析、环境保护、社会责任、公司治理效果等信息进行披露

如表所示，对信息披露的划分可以从以下三方面加以阐明：（1）信息披露的内容分类，分为五大部分。第一部分，以财务信息为核心内容，其技术内容和监管程度都属于最复杂的一部分。第二部分，公司治理信息反映了上市公司绩效，与信息披露质量密切相关。第三部分，上市公司重大事件信息，根据《首次公开发行股票并上市管理办法》（2018年修正版）第四十一条规定，招股说明书内容与格式准则是信息披露的最低要求。不论准则是否有明确规定，凡是对投资者作出投资决策有重大影响的信息，均应当予以披露。学者们关于信息披露"重大性"的论述也是不绝于耳。重大事件的披露对股票价格波动有直接影响，同时也是内幕交易的阻却手段。第四部分，管理层讨论与分析信息，对公司过往业绩的评价和前瞻性信息预测，符合投资者"价值相关性"。第五部分，证券发行信息，即上市公司股票发行信息披露，以披露信息、招股说明书等文件为主要内容。（2）信息披露的时间分类：在证券发行阶段，信息披露主要法律文件包括"招股说明书"与"上市公告书"，招股说明书报证监会审核，通过上市后公司向社会公众发布"上市公告书"。在二级市场交易阶段，信息披露主要由定期报

告与临时报告组成。上市公司定期向社会披露年报、半年报与季度报告，而每逢公司有重大事件时会相应公布"重大事件公告"或"公司收购公告"。（3）按信息披露的性质分类，包括强制信息披露与自愿信息披露。强制信息披露是法律规定发行人必须披露的内容，满足合规性要求，且属于私法自治的例外。自愿信息披露是发行人向投资者融资的重要手段，能够有效增加股票流动个性，满足融资要求，更加强调投资者"价值相关性"。因此，信息披露的强制与自愿内容比例对披露成本效益的影响至关重要。

2. 信息披露的决定机理

信息披露的决定机理，除却外部"政治动因"外，包括两个方面的主要内容：一是对"发行人信息披露动机"的理论支撑，用来解释在信息披露成本客观存在的情况下，发行人为何依然具有披露信息的动力，这些经济学实证研究在信息披露成本效益分析中具有重要意义；另一个是对"信息披露质量影响因素"的盖然性了解，用来说明上市公司由于规模、地域以及公司治理结构的差异化会对公司信息披露质量造成不同影响，而这部分实证结论对信息披露的监管模式预设也具有有效参考价值。

"发行人披露动机"的理论假说包括六个方面：（1）资本市场交易假说（Captial Market Transactions Hypothesis）。这是指管理者与投资者之间信息不对称时，投资者由于承担了信息风险，将会要求获得更高溢价，从而增加公司融资成本。因而通过信息披露，可以缓解投资者对获利的期望值。① （2）公司控制权竞争假说（Corporate Control Contest Hypothesis）。这是指为维护公司的控制权，保护自身利益，公司高层可

---

① S. Myers, N. Majluf. Corporate Financing and Investment Decisions when Firms Have Information that Investors Do Not Have［J］. Journal of Financial Economics, 1984(13)：187-222.

以利用向公众披露信息的手段为自己开脱，以解释公司业绩表现差不是自己能力的问题，而是由其他因素造成的。① （3）股票报酬假说（Stock Compensation Hypothesis）。这是指管理者可能会披露更多的自愿信息，来突破内部交易规则的限制，吸引投资者以提高股票的流动性。公司高管为了增加股票报酬率，在股票期权授予前，公司会延迟利好消息披露，加快利空消息披露，以增加股票补偿，而在其职位变动期间，为了降低自身股票收益风险，公司高管更愿意披露利好消息。② （4）诉讼成本假说（Litigation Cost Hypothesis）。它属于信息披露的法律成本，指由于绩差公司更有可能遭到诉讼，实证研究结果显示预先披露信息的公司比没有预先披露的公司所产生的诉讼费用更低，因此此类公司管理者更有动机预先披露信息以减少诉讼成本③。（5）管理才能信号假说（Management Talent Signaling Hypothesis）。这是指若投资者对公司高管治理公司的能力的认可程度越高，那么他们对公司股票价值的估价也会越高，而这一部分体现在公司治理信息披露部分。④ （6）专有性成本假说（Proprietary Cost Hypothesis）。与其他假说相反，说明上市公司也有抑制信息披露的情况，其假说前提在于公司之间的股东不存在利害冲突，并且信息披露的预测是可信的。在这种情况下，几个具有竞争关系的同行将对信息披露的预测内容进行策略调整，上市公司披露预测信息很有可能影响公司未来战略，因此为了维护自身竞争优势，上市公司更

---

① M. Welker. Disclosure Policy, Information Asymmetry, and Liquiduty in Equity Markets[J]. Contemporary Accounting Reaserch, 1995(11)：801-827.

② F. Noe. Voluntary Disclosure and Insider Transactions [J]. Journal of Accounting and Economics, 1999(27)：305-326.

③ J. Skinner. Why Firms Voluntarily Disclose Bad News [J]. Journal of Accounting Research, 1994：38-60.

④ A. Shleifer, R. Vishny. Large Shareholders and Control[J]. Journal of Political Economy, 1986(3)：461-488.

倾向于抑制此类信息披露内容。①

　　在信息披露质量影响因素方面，经济学家通过实证研究也得出了诸多有益的参考结论，主要包括四个方面：（1）公司财务因素。信息披露质量与公司盈利能力呈正相关，信息披露质量越高则上市公司股票流动性越快，进而融资效率提高。②（2）公司治理因素。董事会内部设立审计委员会有助于提高披露质量，股权结构方面若公司高管人员的频繁变动会对信息披露呈不利影响；另外，管理者股权激励情况下公司高管人员的持股比例越高，公司信息披露的质量也越高；并且股权性质方面，国有控股的上市公司因其规模与竞争资源优势，其信息披露的质量总体表现更好。③（3）公司规模因素。研究表明大公司由于股权的高度分散，其通过提高信息披露质量以降低股权代理成本的意愿更强烈。并且理论认为上市公司规模越大，信息披露越全面也越充分，因而总体质量越高。这样对投资者而言更具有投资吸引力，对舆论媒体而言也更容易帮助提高企业知名度。④（4）公司外部环境因素。调查显示上市公司信息披露质量受区域环境影响也呈现出不同特征，诸如在我国东部沿海经济发达地区，行业之间竞争压力更大并且市场化指数相比全国其他地区更高，信息披露的考评结果更优。⑤ 综上所述，借助经济学家对于上市公司规模、区域特征以及公司治理因素关于信息披露质量的正负

　　① E. Verrecchia. Discretionary Disclosure［J］. Journal of Accounting and Economics，1983(5)：179-194.

　　② S. Singhvi. An American Analysis of the Quality of Corporate Financial Disclosure［J］. The Accounting Review，1971（46）：129-138.

　　③ C. Jensen，H. Meckling. Theory of The Firm：Managerial Behavior，Agency Costs and Ownership Structure［J］. Journal of Financial Economics，1976（3）：305-360.

　　④ W. Leftwich，L. Watts，L. Zimmerman. Voluntary Corporate Disclosure：The Case of Interim Reporting［J］. Journal of Accounting Research，1981（19）：50-77.

　　⑤ 白重恩，刘俏，陆洲，等. 中国上市公司治理结构的实证研究［J］. 经济研究，2005（2）：83-90.

面影响这部分的实证研究结果，将有助于之后在注册制下信息披露监管层面引入"证券交易所竞争规则"以及对多层次区域性股权交易所差序竞争格局的方案预设具有理论参考价值。

（二）信息披露的法律体系

自 1993 年至今，在国务院证监会行政管制的集中统一运作下，证券市场内部已经形成了一套关于现行信息披露层次分明的法律监管体系，自上而下地从法律、行政法规、部门规章、自律规范四个方面对信息披露规则作出了政策指导以及规则确立。根据对中国证监会网站资料统计以及证监会指定信息披露渠道巨潮网资料搜集整理后，我国现行信息披露的法律制度框架体系参见表 2.5。①

表 2.5　　　　　我国现行信息披露的法律制度框架体系

法律层级	具体制度构成
法律	《中华人民共和国证券法》（2005）
	《中华人民共和国公司法》（2005）
	《中华人民共和国银行业监督法》（2006）
	《中华人民共和国证券投资基金法》（2003）
	《中华人民共和国会计法》（2003）
	《中华人民共和国税收征收管理办法》（2001）

① 资料来源："股票发行制度改革"相关法律法规：中国证监会网站 http：//www. csrc. gov. cn/pub/newsite/ztzl/xgfxtzgg/xgfxxxfg/，最后登录日期 2016 年 6 月 12 日。巨潮网：http：//www. reeclub. com. cn/trends. html？s＝scyj，最后登录日期 2016 年 6 月 12 日。仅列出主要的信息披露制度规范，作者整理。

续表

法律层级	具体制度构成
行政法规	《深圳证券交易所上市公司社会责任指引》（2006）
	《基金管理公司投资管理人员管理指导意见》（2006）
	《中华人民共和国外资银行管理条例》（2006）
	《证券业协会：融资融券合同必备条款》（2006）
	《合格境外机构投资者境内证券投资管理办法》（2006）
	《深圳证券交易所中小企业上市公司公平信息披露指引》（2006）
	《上市公司股东大会规则》（2006）
	《国务院关于推进资本市场改革开放和稳定发展若干意见》（2004）
	《中华人民共和国外资金融机构管理条例》（2002）
	《企业财务会计报告条例》（2000）
	《股票发行与交易管理暂行条例》（1993）
	《国务院证券委员会关于禁止证券欺诈行为暂行办法》（1993）
部门规章	《公开发行证券的公司信息披露内容与格式准则》（1~37号）
	《公开发行证券的公司信息披露编报规则》（1~26号）
	《公开发行证券的公司信息披露规范问答》（1~7号）
	《上市公司信息披露管理办法》（2007）
	《上市公司证券发行管理办法》（2006）
	《证券交易所管理办法》（2001）
自律规范	《上海证券交易所上市规则》（2008）
	《深圳证券交易所上市规则》（2008）
	《上海证券交易所会员管理规则》（2007）
	《深圳证券交易所会员管理规则》（2007）
	《上海证券交易所股票上市公告书内容与格式指引》（2006）
	《深圳证券交易所股票上市公告书内容与格式指引》（2009）
	《上海证券交易所上市公司信息披露工作核查办法》（2001）
	《深圳证券交易所上市公司信息披露考核办法》（2001）
	《深证证券交易所上市公司信息披露指引》（2006）
	《深证证券交易所上市公司公平信息披露指引》（2006）

如表 2.5 所示，我国现行信息披露法律框架在不同法律效力与层次规范中得到规制，并且为了保持信息披露质量与法律监管效果的完备性，立法者们依然在持续补充与完善中。为了更好地了解信息披露在法律监管与法律责任具体层面的条文规范，同时梳理了这两部分内容作为详细参考，如表 2.6 所示，对发行人信息披露要求的有关规定，依据法律效力层次排序如下：

表 2.6　　　　　　对发行人信息披露要求的相关法律规定①

《证券法》	
第六十三条	真实、准确、完整，不得有虚假记载、误导性陈述或者重大遗漏。
第六十八条	上市公司董监事、高级管理人员，应当对公司定期报告签署书面确认意见。
《首次公开发行股票并上市管理办法》	
第五十四条	招股说明书内容与格式准则是信息披露的最低要求。 凡是对投资者作出投资决策有重大影响的信息，均应当予以披露。
第四十三条	发行人及其全体董事、监事和高级管理人员应保证招股说明书的内容真实、准确、完整。并在招股说明书上签字、盖章。 保荐人对招股说明书的真实性、准确性、完整性进行核查，并签字、盖章。
《首次公开发行股票并在创业板上市管理暂行办法》	
第四条	信息必须真实、准确、完整，不得有虚假记载、误导性陈述或者重大遗漏。

---

① 资料来源：根据中国证监会网站专题专栏"新股发行制度改革"中对发行人信息披露要求的相关规定整理而来，在此仅总结出条文的主要内容。证监会网站：http://www.csrc.gov.cn/pub/newsite/ztzl/xgfxtzgg/xgfxxxfg/201307/t20130701_230060.html，最后登录日期为 2016 年 6 月 12 日。

续表

第三十九条	创业板招股说明书内容与格式准则是信息披露的<u>最低要求</u>。 凡对投资者作出投资决策有重大影响的信息，均应当予以披露。
\multicolumn{2}{c}{《证券发行与承销管理办法》}	
第五十二条	发行人和主承销商应按照中国证监会规定的程序、内容和格式，编制信息披露文件。
第五十三条	首次申请文件受理后至证监会核准、依法刊登招股意向书前，发行人及有关的当事人<u>不得进行推介活动</u>，也不得通过其他方式进行相关活动。

\multicolumn{2}{c}{《公开发行证券的公司信息披露内容与格式准则第 29 号 ——首次公开发行股票并在创业板上市申请文件》}	
第四条	控股股东、实际控制人应当对招股说明书出具确认意见，确认内容<u>真实、准确、完整</u>，且不存在指使发行人违反规定披露有虚假记载、误导性陈述或重大遗漏的情形。
\multicolumn{2}{c}{《关于进一步深化新股发行体制改革的指导意见》（证监会公告〔2012〕10 号）}	
第一条	完善规则，明确责任，强化信息披露的<u>真实性、准确性、充分性和完整性</u>
\multicolumn{2}{c}{《关于进一步提高首次公开发行股票公司财务信息披露质量有关规定的意见》}	
第一条	各市场主体须勤勉尽责，切实提高财务信息披露质量。 发行人依法承担财务报告的会计责任、财务信息的披露责任。 发行人控股股东、实际控制人不得利用控制地位或关联方关系纵容、指使或协助发行人<u>进行财务造假、利润操纵，或有意隐瞒重要财务信息的披露</u>。

　　综上所述，在对发行人及其控股股东与实际控制人方面：（1）从信息披露内容来看，主要要求披露信息是正面的真实性、准确性、完整性，并排斥信息披露违规的三种情况：虚假记载、误导性陈述或重大遗漏。（2）从程序方面来看，发行主体及其相关责任主体须按照中国证监会规定的程序、内容与格式来编排信息，履行披露义务，这是关于信

息事前监管的内容规范。同时，从信息披露违规的事中、事后监管来看，以及对中国证监会公布的法律规范整理，我们归纳了信息披露监管和责任的有关规定，具体如表2.7所示：

表2.7　　　　　　　　对信息披露监管和责任的有关规定①

《证券法》	
第一百九十二条	保荐人出具有虚假记载、误导性陈述或者重大遗漏的保荐书，责令改正，给予警告，没收业务收入，并处以业务收入一倍以上五倍以下的罚款；情节严重的，暂停或者撤销相关业务许可。直接负责的主管人员和其他直接责任人员给予警告，并处以三万元以上三十万元以下的罚款；情节严重的，撤销任职资格或者证券从业资格。
第一百九十三条	信息披露义务人未按照规定披露信息，或有虚假记载、误导性陈述或者重大遗漏的，责令改正，给予警告，并处以三十万元以上六十万元以下的罚款。对直接负责的主管人员和其他直接责任人员给予警告，并处以三万元以上三十万元以下的罚款。
《关于进一步提高首次公开发行股票公司财务信息披露质量有关问题的意见》（证监会公告〔2012〕14号）	
第三条	进一步完善和落实责任追究机制。
第一项	对于发行人的财务造假、利润操纵等重大违法、违规行为，坚决予以查处，并对负有责任的相关中介机构和相关人员予以惩处。

① 资料来源：根据中国证监会网站专题专栏"新股发行制度改革"中对信息披露监管和责任的相关规定整理而来，在此仅总结出条文的主要内容。证监会网站：http://www.csrc.gov.cn/pub/newsite/ztzl/xgfxtzgg/xgfxxxfg/201307/t20130701_230057.html，最后登录日期为2016年6月12日。

第二项	证券监管部门将加强对会计师事务所、保荐机构执业质量的日常监管。证券监管部门将建立首次公开发行股票公司相关中介机构不良行为记录制度并纳入统一监管体系，形成监管合力；根据各相关中介机构不良行为的性质和情节，分别采取责令改正、监管谈话、出具警示函、认定为不适当人选等行政监管措施；构成违法违规的，依法进行行政处罚；涉嫌犯罪的，依法移送司法机关，追究刑事责任。
第三项	保荐机构、会计师事务所应建立内部问责机制，对于相关人员在新股发行申报过程中出现的不规范行为，应加大内部问责力度，并将问责和整改结果及时报送证券监管部门和相关行业协会。
第四项	加大社会监督力度，不断提升新股发行透明度，形成合力，共同促进信息披露质量的提高。

如表 2.7 所示，《证券法》以及《财务信息披露质量有关问题的意见》对信息披露的监管问题，分别从信息披露行为人、相关责任人以及责任追究形式上作出了规制。总结而言：（1）信息披露主体以及相关责任人，包括信息披露发行人、承销商、中介机构（主要包括保荐人、会计师事务所）等人员范围。（2）信息披露违规行为，主要包括发行人及其相关责任人的虚假记载、误导性陈述、重大遗漏，以及中介机构保荐人、会计师事务所的财务造假、利润操纵行为。（3）对违规行为的处罚形式，主要包括责令改正、给予警告、没收收入以及按情节严重情况处以罚金。对中介机构，建立相关日常监督机制，如不良行为记录、内部问责机制。对于不同性质的违规责任，分别作出了行政处罚与刑事追究的法律问责机制。

（三）信息披露的违规处罚：基于实证分析

1. 信息披露违规的表现形式

信息披露的规范内容以"真实、准确、完整"为盖然性标准，同时信息披露的违规形式主要表现为"虚假记载、误导性陈述或者重大遗漏"。从1993年至今，对于信息披露合规性与违规性的标准大体原封不动地被法条承继了下来，因此，可知在证券欺诈监管历程中"虚假记载、误导性陈述、重大遗漏"已经成为信息披露违规行为的集中表现形式。为了更清晰地了解当下信息披露责任体系的结构机理，笔者对这三个词进行了定性观察。

虚假记载是指行为人捏造、虚构或者描述信息，是一种积极的行为。一方面可以表现为制作利好消息，另一方面也可以表现为发布坏消息。虚假记载是鉴于市场信息不对称理论而产生的，由于资本市场中投资者无法获取全部行为人的信息和动机而产生了这种信息不对称。① 这其中隐含着极大的道德风险，由于投资人信息的缺乏而导致发行人在信息披露中增加投机风险机会主义倾向。而由于这种虚假陈述的道德风险存在，使得绩差公司获得投资者的错误认同，并使得资金流入绩差公司，而导致真正优质的公司没有得到合理的资金支持，同样，投资者也没有得到合理的投资回报，市场的资源没有得到合理的配置，违背了经济规律。而根据有效市场假说理论②，在一个信息绝对公开的环境中，任何发行人都无法从平等信息资源中获取超额利润，但是虚假陈述行为可能打破这种平衡，使得发行人从中获取不属于合理利润的机会，从而

---

① B. Greenwald, E. Stiglitz. Asymmetric Information and the New Theory of the Firm: Financial Constrains and Risk Behavior [J]. American Economic Review, 1990（80）：160-166.

② E. Fama. The Behavior of Stock Market prices [J]. Journal of Busines, 1965（2）：65-66.

扰乱市场生态系统，因而为法律所禁止。

误导性陈述是指行为人在信息披露过程中虽然没有背离内容的事实真相，但是其表述存在明显的主观臆断和不客观的理解与判断预测，容易导致投资者作出错误投资决策，从而背离客观价值判断，使投资者陷入偏听偏信的误区。误导性陈述的表现形式通常为：（1）以偏概全型；（2）矫枉过正型；（3）语义模糊或晦涩型；（4）预测失实型。①误导性陈述是信息披露不到位的另一种表现形式，通俗的来讲就是谎话说顺了嘴。值得注意的是，大部分时候误导性陈述发生在中小企业上市公司里。而在大型上市公司中不常发生，理由有两点：（1）大型企业由于自身社会形象受损的成本很高，相应的违法成本也很高，那么欺诈发生概率就会小。（2）大型企业出于自身成熟经验的积累和出现危机时的紧急预案机制，常常可以化解投资者的信任危机并挽回社会公众形象。

重大遗漏是指行为人在信息披露中将与证券发行、交易以及相关活动有关的关键性信息作隐瞒或疏漏的虚假陈述。遗漏的主要表现形式：（1）部分遗漏，即在信息披露中只披露了一部分，相当于美国证券法中的半真陈述。（2）全部遗漏，即对应信息披露中全部信息未予披露。②关于重大遗漏牵涉两个判断标准：（1）"重大性"标准。在SEC rule-405 表述为一个正常谨慎的人（Average Prudent），在购买注册证券前应当被合理告知的信息。之后又发展成为一个理性的投资者在决定是否购买注册证券时产生实质性或者可能是实质性的影响。在 Escott v. Barchris Construction Corp. 案中，Mclean 法官引用一则英国判例对重大性作了更为精确的解释："如果发行人正确地披露了这种信息，将会阻止或通常情况下将倾向于阻止一个谨慎的投资者购买证券。"（2）信赖关系（Reliance）。由于信赖关系的成立而使得之后的因果关系理论

---

① 郭峰. 证券市场虚假陈述及其民事赔偿责任［J］. 法学家，2003（2）：19.
② 郭峰. 证券市场虚假陈述及其民事赔偿责任［J］. 法学家，2003（2）：20.

成立并可以追究相关行为人的法律责任。信息披露的遗漏使得投资者依据信赖缺失信息而作出投资决策。这两个标准是判定重大遗漏信息的属性以及投资者依赖信息而作出投资决策的判断标准。

2. 近年信息披露违规案件的处罚统计

对信息披露责任的规制主要表现在信息披露违规的执法绩效上，随着信息监管制度改革的深入，执法力度的强弱直接检验着现行监管体系的弊端，并且启发了其他法律改良的尝试。因此，信息披露责任的监管执法承担了事中、事后监管的主要任务。若证券欺诈的成本过低，那么欺诈还将继续。进而，从现实状况检视信息披露责任的规制绩效，有助于发现信息披露责任研究的盲区，并对形成信息披露执法体系的研究路径有所助益。

为了更客观地对信息披露违规执法绩效展开讨论，笔者对近年信息披露违规案件的行政处罚情况进行了数据统计，以 2014 年 1 月至 2016 年 6 月为时间轴，以中国证监会下属行政处罚委公布的《行政处罚决定书》与《市场禁入决定书》中信息披露违规处罚情况作为研究样本，经过统计得出以下结果（参见表 2.8）。①

表 2.8　　　　**2014—2016 年证监会行政处罚总体情况概括**

时间	案件数	处罚对象	单位	个人	处罚金额（万元）
2014	120	348	34	314	38558
2015	106	285	37	248	121933
2016.1—2016.6	72	155	17	138	190944
合计	298	786	88	698	351435

① 数据来源：笔者根据中国证监会行政处罚委公布的 2014 年至 2016 年 6 月的《行政处罚决定书》与《市场禁入决定书》处罚内容整理而来，作者整理，全样本。

　　如表 2.8 所示，2014 年证券违规案件数 120 起，处罚对象 348 个，其中单位 34 个，个人 314 个，年度总处罚金 38558 万元；2015 年证券违规案件数 106 起，处罚对象 285 个，其中单位 37 个，个人 248 个，年度总处罚金 121933 万元；2016 年上半年证券违规案件数 72 起，处罚对象 155 个，其中单位 17 个，个人 138 个，年度总处罚金 190944 万元。通过比较可以发现，2015 年虽然较 2014 年在处理案件数量与处罚对象数量上都有所减少，但是 2015 年比 2014 年的行政处罚罚金高出 2.16 倍。可见证监会对行政处罚实行了更加严厉的罚金制度，证券欺诈的违法成本大大提高。并且，根据 2016 年上半年的行政处罚数据显示，2016 年上半年处罚金额已经超过 2014 年与 2015 年的总和，从国内范围进行纵向对比，表明这一政策还在继续强化中。证券欺诈违法成本的提高，对于阻却违规行为具有重要的威慑作用。

　　进而以近年证券欺诈违规类型为研究内容，通过数据统计可以发现"信息披露违规"与"内幕交易"依然是证券欺诈案件的主要违法类型（参见图 2.1）。①

　　如图 2.1 所示，从 2014 年至 2016 年 6 月，中国证监会行政处罚委员会公布的 298 起案件中，其中内幕交易案件 107 起，约占案件总数的 39%；信息披露违规（含虚假陈述）案件 79 起，约占案件总数的 28%；② 市场操纵行为 40 起，约占案件总数的 14%；非法证券活动 46 起，约占案件总数的 16%；证券违规经营案件 7 起，约占案件总数的 2%；其他案件 3 起，约占案件总数的 1%。

　　统计发现证券欺诈中信息类包括"内幕交易"与"信息披露"违

---

　　① 数据来源：笔者根据中国证监会行政处罚委公布的 2014 年至 2016 年 6 月的《行政处罚决定书》与《市场禁入决定书》处罚内容整理而来，作者整理；全样本。

　　② 本书所指的"信息披露违规"包括处罚决定书中提及的"有意隐瞒、不及时披露、不准确完整披露"的不作为型违规；另外"虚假陈述"包括处罚决定书中提及的违规主体有意弄虚作假的作为型违规，包括虚增收入、虚报利润等，一概纳入信息披露违规的范畴进行统计。

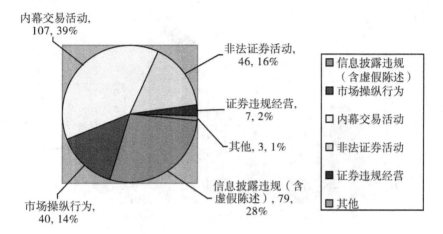

内幕交易活动，
107, 39%

非法证券活动，
46, 16%

证券违规经营，
7, 2%

其他, 3, 1%

信息披露违规（含
虚假陈述），79,
28%

市场操纵行为，
40, 14%

■ 信息披露违规
（含虚假陈述）
■ 市场操纵行为
□ 内幕交易活动
▨ 非法证券活动
■ 证券违规经营
▨ 其他

图 2.1　2014 年—2016 年 6 月证券违规类型分布

规分别占据行政处罚案件总数的前两位，是证券欺诈违规行为的主要表现形式，这是我们对信息披露责任进行严格规制的主要原因。信息披露活动的透明度与诚信度是维持整个证券市场繁荣的基础，金融监管工作的重心要始终围绕着遏制欺诈与保证信息披露质量而展开着。而我国证券市场的违法重灾区依然在内幕交易与信息披露这两个与"信息"密切相关的部分中。

最后，我们对证券市场违规的行政处罚案件进行数据整理（参见图 2.2）。①

如图 2.2 所示，根据证监会行政处罚委公布的数据整理得出：2014年给予行政处罚对象警告 12 次，责令改正 6 次，处以没收违法所得 39次，罚款 68 次；2015 年给予行政处罚对象警告 50 次，责令改正 1 次，没收违法所得 32 次，罚款 96 次；2016 年上半年给予行政处罚对象警告 26 次，责令改正 3 次，没收违法所得 50 次，罚款 89 次，吊销证券

---

①　数据来源：笔者根据中国证监会行政处罚委公布的 2014 年至 2016 年 6 月的"行政处罚决定书"与"市场禁入决定书"内容整理，全样本。备注：若一个案件有多项行政处罚，统计时将其分别计算。

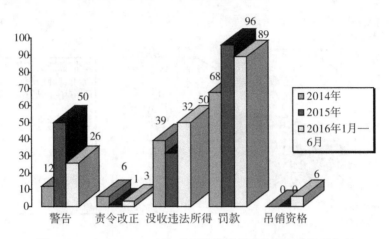

图 2.2 2014 年—2016 年 6 月证券案件行政处罚具体类型分布

从业人员资格 6 次。经过统计可以发现，行政处罚委对违规对象的主要处罚手段为没收违法所得与罚款，根据具体违规情况，相对较轻的给予警告与责令改正，在警告情形下被处罚人则通常需要对公众进行致歉。通过具体案件对比与相关法条规定可以得出，信息披露违规案件与警告、致歉、罚款等处罚类型关系更为密切，内幕交易案件与没收违法所得、罚款等处罚类型相对应，而非法证券活动与证券违规经营则通常被行政责令改正并处以相应罚款。

综上所述，现存信息披露责任的症结可总结为三点：（1）证券欺诈的违法成本还需提高，应达到足以遏制欺诈的功效。（2）证券欺诈以"内幕交易"与"信息披露违规"为主要表现。（3）证监会以"没收违法所得"与"罚款"作为行政案件的主要惩处手段。我国证券市场欺诈案件依然猖獗，根据北京大学白建军教授对资本市场证券欺诈违法案件的罪数统计显示：客观违法案件与被查处的违法案件数量为4：1，违法暗数接近4。① 这说明证监会监管下公布的数据只是我们研

---

① 白建军. 大数据对法学研究的些许影响［J］. 中外法学，2015（1）：33.

究样本的一部分，我们在显性范围内对信息披露责任进行检视和路径规划之后，还需要努力减小违法暗数值，使隐藏在法网之下的违规违法行为更加充分地暴露出来。

三、信息披露的研究路径检讨

通过对信息披露内容、机理、法律责任以及不同社会网络结构中运行机制的比较分析，我们对信息披露制度的发展及现状获得了盖然性了解。进而，为了找到注册制下信息披露的合理规划路径，还需要归纳中美证券监管理念的差异，以此来检视在研究中可能出现的盲区。

（一）信息披露监管理念借鉴：从比较法的视角

1. 美国证券监管理念综述

美国证券监管"双重注册制"背后的法律哲学，是"联邦—州—自律监管"的三足鼎立。从最初信奉市场自由贸易原则，至 1929 年华尔街金融危机爆发，之后罗斯福新政时期对凯恩斯主义"国家干预"理论的实施，信息披露的监管总是伴随着市场政策松紧的节奏不断进行调整。根据中国证监会研究报告梳理出的信息披露与市场情势之间的走势图，可以清晰地看到不同时期政策收紧与放缓的波动规律（参见图 2.3）。①

如图 2.3 所示，美国在 20 年间的四次新法案出台都与现实的金融市场需求紧密相关。在"放松管制"政策下，为了顺应市场发展要求，

---

① 参见《美国新股发行制度改革：JOBS 法案的主要内容》，中国证监会网站：http：//www.csrc.gov.cn/pub/newsite/ztzl/yjbg/201406/t20140610 ＿ 255815. html，最后登录日期为 2016 年 4 月 15 日。根据文中资料整理。

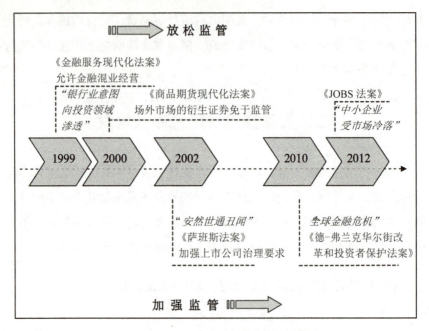

图 2.3 美国金融监管理念的市场律动性

1999 年《金融服务现代化法案》允许金融混业经营;① 2000 年《商品期货现代化法案》对场外交易的衍生证券免于监管；在经历过安然世通公司财务造假丑闻后，为了"加强监管"，2002 年出台了著名的《2002 年公众公司会计改革和投资者保护法案》（即《萨班斯法案》），对上市公司治理提出了更高的要求；2008 年全球金融危机后，对投资者加大保护并严格金融监管，2010 年出台了《德-弗兰克华尔街改革和

---

① 随着美国金融业的发展和扩张，1933 年的《格拉斯-斯蒂格尔法案》已经成为发展的障碍。商业银行不满足于低利润的银行零售业，开始向投资银行渗透，很多商业银行都有变相的投资银行部门。1999 年，由克林顿政府提交监管改革绿皮书（Green Book），并经国会通过，形成了《金融服务现代化法案》（Financial Services Modernization Act），亦称《格雷姆-里奇-比利雷法案》（Gramm-Leach-Bliley Act）。《金融服务现代化法案》废除了 1933 年制定的《格拉斯-斯蒂格尔法案》有关条款，从法律上消除了银行、证券、保险机构在业务范围上的边界，结束了美国长达 66 年之久的金融分业经营的历史。其结果是商业银行开始同时大规模从事投资银行的活动，如花旗集团（Citigroup）和摩根大通（JP Morgan）。

投资者保护法案》；而《JOBS 法案》出台的直接原因是为了适应中小企业上市"减负"与"非公开融资改革"的新形势，若中小企业依然按照主板上市公司要求履行信息披露义务，那么其信息生产成本将大大折损中小企业的融资效益。因此可以看出，美国金融监管的理念在不断变化，具体表现在新法案的出台总是与市场的脚步相一致，而并非完全按照法律条文恪守成规，法律通过不断顺应市场发展和阻却欺诈来维持资本市场的繁荣。

美国金融监管的市场律动性表明，支撑其每一时期法案实施的理念都在与时俱进。从"凯恩斯主义"到新概念理论的填补，华尔街金融帝国经历了近百年的沉浮，欺诈与监管之间的博弈从未停止。而监管理念的得出也是在不断试错中得以延伸以及进行"知识再生产"。正如经典著作《科学革命的结构》一书的作者库恩教授提出"范式"的不可通约性，以及一次次科学危机带来的革命导致了范式的转换。"范式"对常规科学的本质具有三个焦点："其一，它具有揭示事物本质的能力；其二，它可以检验理论与实践的一致性；其三，它能够系统地解决理论中剩余的模糊性，使工作更加精确化。"① 对"科学研究的范式"剖析运用在资本市场领域也具有启示性作用，最显著的一点就是"范式"的理论可以解释不同时期立法者对金融监管理念的选择与扬弃，以及理论界对于监管理念的"移植""借鉴"以及"知识再生产"的精确化问题。纵观美国近百年来的金融监管理论学派，大体分为四种，分别为"合同主义""竞争主义""交易所替代主义"以及"中央集权主义"（参见表 2.9）。

如表 2.9 所示，美国证券监管理念具体来看有四个流派：（1）合同主义（private contracting）。以 Stephen J. Choi 为代表，在他发表的系列文章中，主张将证券监管完全市场化，以投资者与发行人之间的私下

---

① 托马斯·库恩. 科学革命的结构［M］. 金吾伦，胡新和，译. 北京：北京大学出版社，2014：22-23.

缔约为理论前提，信息披露的程度按照双方合意拟定，可自行裁剪规则，不再为政府或其他利益集团的监管需求买单。而投资者保护、发行人监管等信息披露责任承担都依赖私人契约的约束，在交易之中排除

表 2.9　　　　　　　　美国证券监管理念主要流派综述

学派代表人物	主要观点	经验启示
合同主义 Stephen J. Choi	证券监管的完全市场化；以投资者与发行人的私人缔约为理论前提；信息披露的程度按照合同双方约定，可自行裁剪规则；投资者保护与发行人监管，事中排除政府监管，事后寻求法院救济。	主张放松管制，减少强制信息披露。主张自由市场竞争，加强自愿信息披露。证券法由于缺少竞争压力，使得立法者没有动力为发行人与投资者寻求共同利益而裁剪监管规则，同时又因为政府机构的行政压力而不断补充规则。
竞争主义 Romano 和 Choi	包括证券法的国内竞争与国际竞争，提出赋权投资者和证券法的监管竞争理论。打破法律供给的垄断，形成竞争规则。	这一竞争理论在中国的解释：赋予发行人在多样化的证券监管体制中以选择权，使市场主体最大可能地自由流动，同时在法律供给端即在证券规则的产生方面放开人为的限制和管制，帮助新兴资本市场发展。
交易所替代政府监管主义 Paul G. Mahony Adam C. Pritchard	主张在证券监管领域应当去集权化，赋予证券交易所替代政府监管的部分功能。涉及政府监管机构和证券交易所等自律组织之间权力配置。	Pritchard 鉴于集团诉讼在美国的副作用，认为可以发展证券交易所的反欺诈功能，作为集团诉讼的替代机制。 Mahony 认为应允许证券交易所承担监管职能，加入监管竞争的主体之中。

学派代表人物	主要观点	经验启示
中央高度集权主义 Robert A. Prentice Merritt B. Fox	主张联邦或中央高度集权的证券监管体制，并主张全国证券交易场所的大一统，以有利于国际竞争。来自真实世界的观察，是一种描述型和解释型的理论，称为"实证主义"。	Ptentice 以实证主义和行为金融学对 Choi 进行批判。Prentice 批驳 Choi 的经济学理论基础、有效市场假说，并应用有限理性、理性无视、过分乐观、过分自信、错误共识的效果、对信息来源不敏感等投资者心理和行为的社会心理学概念，批驳理性假说，认为市场失灵和导致非理性必须实行强制信息披露。

政府监管，事后根据私人合同寻求法院救济。① （2）竞争主义。代表人物为 Roberta Romano 和 Stephen J. Choi。他们认为在证券规则方面放开垄断与限制，形成竞争规则，并赋予发行人在多样化证券监管体制中以选择权，有利于新兴资本市场的发展。② （3）交易所替代政府监管主义。代表人物为 Paul G. Mahony 和 Adam C. Pritchard，主张在证券监管领域去集权化，充分发挥交易所自律组织监管。Pritchard 认为，集团诉讼在美国有许多副作用，发起率很高而赔付率很低，他认为发展证券交易所的反欺诈功能，能够替代集团诉讼机制。③ Mahony 主张，让证

① J. Choi, T. Guzman. Portable Reciprocity: Rethinking the International Reach of Securities Regulation [J]. California Law Review, 1998 (71): 66-89.

② Romano. A Market Approach to Securities Regulation [J]. Yale Law Review, 1998 (107): 91-108.

③ Adam C. Pritchard. Markets as Monitors: A Proposal to Replace Class Action with Exchange as Securities Fraud Enforcers [J]. Virginia Law Review, 1997 (85): 125-156.

券交易所承担主要监管功能并参与到证券监管的竞争主体中。① （4）
中央高度集权主义。代表人物为 Robert A. Prentice。主张联邦或者中央
高度集权的监管体制，并且主张证券交易所的大一统，认为这样的模式
有利于国际竞争。Prentice 认为 Choi 的私人缔约理论基础建立在有效市
场假说基础之上，而忽视了投资者的有限理性，包括过分乐观、期望理
论、错误共识、信息来源不敏感等投资者心理和行为的社会心理学因
素，通过这些理论来驳斥 Choi 的合同主义理论，并且经过对真实资本
市场的观察，Prentice 认为鉴于市场失灵现象和投资者的非理性行为必
须实施强制信息披露。②

2. 我国证券监管理念的借鉴

在比较了美国证券监管理念的主要观点后，我们得到了四种证券监
管理论模式，即合同主义、竞争主义、交易所替代主义以及中央集权主
义。对当下注册制改革监管理念的过渡进行观点重塑离不开这四种主义
的理论积淀，而知识再生产的过程本身就是一个选择与并用的编辑过
程。对于四种理念的运用，通过我国资本市场不同层面的需求，可以找
到发展路径：（1）加强自愿信息披露建设，提高信息披露质量。"合同
主义"倡导交易双方自主裁剪信息披露规则，并创造出最大共同利益
面，这种思路符合"投资者导向型"披露趋势，在排除行政监管的压
力后，自愿信息披露的强化可以更好地体现信息披露内容的"价值相
关性"，从而有利于投资者了解股票价值并增加股票流动性。（2）多层
次资本市场的建设与证券法竞争主义不谋而合。由于竞争压力的出现，
不同性质与规模的发行人可以选择适合自身实现融资目标的最佳渠道与

① Paul G. Mahony. The Exchange as Regulator [J]. Virginia Law Review, 1997 (83)：145-168.

② Robert A. Prentice. Whither Securities Regulation, Some Behavioral Observation Regarding Proposals for its future [J]. Duke Law Review, 2002 (51)：221-235.

监管模式，从而减少信息披露的成本，降低融资成本，提高效率，对新兴资本市场具有激励作用。（3）交易所信息监管功能的强化，按照"交易所替代政府监管"理论主张的，通过自律监管来替代政府行政监管，能够发挥交易所的市场调节作用，并在自律中形成监管体系，阻却信息披露违规行为和虚假陈述以及证券欺诈，部分替代事后责任追究机制。（4）中央集权的单一制监管模式，也是我国证券市场现行的监管模式。其理论根据在于运用行政监督来部分替代法律和自律监管的失灵，弥补市场失灵和投资者非理性行为引发的市场异常波动，这也是强制信息披露的理论溯源，在一次次经济危机和欺诈丑闻的发生后，强制信息披露依然是证券一线监管领域的重要手段。

（二）信息披露的研究盲区

在比较研究不同社会结构下中美信息披露监管理念与架构的差异化后，我们可以更加深刻地了解注册制下信息披露改革的特殊性。由于政治地缘文化的不同，信息披露的理论预设存在诸多盲区。具体分为三点：（1）认为注册制下信息披露完全排斥实质审核，将形式审核与实质审核对立。（2）忽视社会网络因素的影响，中美证券发行制度的演进与信息披露的监管各成体系，在本土化语境下展开的信息披露改革需要尊重社会发展规律并努力寻求一条本土化路径规划。（3）信息披露责任的执法乏力，行政监管部分代替了法律监督，立法与执法机制之间缺少实践性检验，使法律局限于"宣誓作用"。

1. 形式审核与实质审核对立

有学者认为，我国实施注册制改革的动因有"借他人酒杯，浇自己块垒"之嫌，在中国证券监管中央集权的单一制监管模式下，国内资本市场的调整涉及国计民生等大政方针，上市公司获得稀缺资源受政府监管无可厚非，且核准制只是政府监管与控制上市资源的方式之一，其管控方式远不限于"核准制"。① 发行人募集资金是否符合国家产业政策依然是发审委进行判断的重要标准，若不符合投资管理政策，那么企业排队上市的步伐依旧迟缓。因而注册制抑或核准制的具体审核方式对政策的影响并无实质区别。这与注册制在美国的功效相仿，美国证交会虽然只对上市公司的信息披露进行形式审查，并无批准或不批准权力，但是审核人员可就信息中的"瑕疵"不断提问，反复质疑，直至上市公司放弃上市为止②，因而证交会不想让某些公司上市并为此找个理由并不难。这与中国发审委的功能有异曲同工之处，美国以州实施监管为基础的注册制实质上也是一种变相的核准制。进而，国内证券市场首先需要渐进式地加强市场化管理，并不是完全抛弃实质审核而以形式的转变来掩盖实质的空虚。注册制的实施应是因势利导地建立在资本市场高度市场化的基础之上，而并非现在就将实质审核与形式审核二元等分。

2. 不同社会结构下政治地缘因素的忽视

"此曲胡人传入汉，诸客闻之惊且叹"，在今天这个时代，异域的总是备受青睐，而这个异域的绝大多数来自美国。通过美国证交会与中国证监会的比较研究后，借助社会网络理论可以更好地预见识别我国本土化路径规划的研究进路。社会网络理论分析通过监视社会个体之间的联结以及这些联结如何影响社会的经济行为与社会活动来理解和预测社会体制的运作。其命题之一就是社会个体所嵌入的社会网络结构对其行为模式有较大影响。而社会网络分析理论的若干分叉研究中对"社会资本"的分析能够解释中国证监会与美国证交会因为政治背景、地缘文化、经济发展水平差异而导致二者的行为模式有诸多"结构漏洞"

---

① 朱伟一. 注册制与核准制 ［J］. 新民周刊，2015（810）：95.
② 拟上市公司可以自动放弃上市申请，但官方表述为上市公司放弃上市的主要原因是认为现在上市的时机不对。

存在：诸如中国证券监管缺少了"州层面的实质审核"部分，而地方证监局在中央集权单一监管模式中并无实质功能，美国双重注册制的展开无法不以州监管为基础。因而中国证监会对信息披露的形式审核缺少实质审核监管基础。在社会网络结构中，"小世界问题"能够反映出美国证交会与中国发审委在人员结构和议事流程上对信息披露监管的不同功效。证交会以尊重市场主体交易自主为原则的监管理念能够促进股权融资效率；发审委在外聘人员从属于证监会领导体制的机构制衡下，议事流程与表决结果都受到行政监管与国家产业政策的双重压力。因而如果不能认识到职能机构背后的政治文化影响，就无法客观独立地进行信息审核流程再造。

3. 信息披露执法的乏力

通过整理中国证监会行政处罚委员会公布的证券违规案件统计数据，我们得出三个结论，即我国证券欺诈的违规成本正在提高，而欺诈成本的提高有助于遏制违法行为滋生；在现阶段的处罚案件中，"内幕交易"与"信息披露违规"依然是证券欺诈的主要表现形式，这说明信息的真实、准确、完整依然是保持证券市场繁荣最根本的基石；在行政处罚委开具的处罚决定书中，罚金类处罚占总体处罚类型的主要部分，说明证监会依靠罚金惩处来提高证券欺诈的违法成本，并以此为主要行政处罚手段。但近三年案件处理数量并未减少，资本市场内证券欺诈行为依然猖獗，违法暗数 4∶1 的统计结果说明了监管执法的乏力与手段的单一。若信息披露违规、执法乏力的问题依旧没有改观，那就意味着现存法律只剩下宣示作用。制定更多的法律永远不能解决法律难以执行的问题，执法力量的薄弱也就意味着发现法律弊端与改善法律的尝试业已薄弱。若单纯借鉴国外执法机制的做法，实质是在妨碍中国法律思维接近真实的社会问题。

本 章 小 结

　　本章主要论述了信息披露制度在我国的发展历程、现状以及对现存状况的检视，通过比较研究找到了注册制下信息披露研究的盲点，并为之后的制度预设打好了理论基础。

　　关于以信息披露为中心的股票发行制度演进，首先详细论述了从1993年到现在我国证券发行制度的演进历程：20世纪90年代属于配额制时期。在配额制模式下，分为两个阶段：一是从1993年至1995年，实行"额度制"。由地方政府选择上市公司资源。二是1996年至2000年，实行"指标制"。地方政府通过推荐上市公司来获得指标分配，因此在政府系统内部解决了上市资源的甄选。从2001年3月到现在，股票发行制进入核准制时期。其中，2001年3月至2004年2月，实行"通道制"。业界将这个时期称为"券商角色归位"，证券公司获得了甄选上市资源与自主安排项目的权力。从2005年1月起，开始实行"保荐制"。中国证监会再造一个承接推选上市公司资源的角色——"保荐人"，符合规定资格的保荐人推荐适格的公司，并对发行人的信息披露质量提供持续督导和信用担保。通过梳理股票发行制度变迁历程可知，中国证监会已经形成了一套相对成熟的权力制衡体系，这种逐渐固化的科层制形如马克斯·韦伯所说的"官僚制运作"。进而，为了更加深刻地理解注册制与核准制的异同，以"美国联邦注册制"与"我国发审委核准制"作为二元悖论的文献起点，发现美国联邦注册制的信息监管架构以"全面披露"与"审慎披露"为发行原则，以"尊重市场主体交易自主"为信息审核原则。美国证交会通过制定法律、规则规章，采用电子化信息披露系统以及违规处罚机制的综合治理，使政府通过法定信息监管介入市场主体交易。相比而言，我国核准制下发审委对信息披露实施实质审核，将拟上市企业的商业价值和盈利能力作为判定标准，并伴随着国家产业政策与国计民生的大政方针影响，使股票首发上市的表决结果与信息审核过程的行政干预过甚。

关于信息披露的现状，作为现代金融监管最重要的手段之一，其披露内容、时区分段与法律性质等结构因素在理论研究与实务操作层面都经历了近百年的演变与发展。在法律人与市场行为的综合作用下，信息披露制度已经形成了一套内容有序、层次分明的法律规范：（1）按照信息披露的内容分类，包括财务信息、公司治理信息、重大事件信息、管理层讨论与分析信息以及证券发行信息。（2）按照信息披露时间分类，包括一级市场披露信息，招股说明书与上市公告书都是重要披露文件；以及二级交易市场信息披露，上市公司临时报告与定期报告都是重要的披露文件。（3）按照信息披露性质分类，包括强制信息披露与自愿信息披露。强制信息披露是法律规定发行人必须披露的内容，满足合规性要求，且属于私法自治的例外。自愿信息披露是发行人向投资者融资的重要手段，能够有效增加股票流动个性，满足融资要求，更加强调投资者"价值相关性"。关于信息披露的决定机理，包括两个方面的主要内容：一是对"发行人信息披露动机"的理论支撑，包括资本市场交易假说、公司控制权竞争假说、股票报酬假说、诉讼成本假说、管理才能信号假说以及专有性成本假说，用来解释在信息披露成本客观存在的情况下，发行人为何依然具有披露信息的动力，这些经济学实证研究在信息披露成本效益分析中具有重要意义；另一个是对"信息披露质量影响因素"的盖然性了解，包括公司财务因素、公司治理因素、公司规模因素、公司外部环境因素，用来说明上市公司由于规模、地域以及公司治理结构的差异化会对公司信息披露质量造成不同的影响，而这部分实证结论对信息披露的监管模式预设也具有有效的参考价值。关于我国现行信息披露法律监管体系，证券市场内部已经形成了一套关于现行信息披露层次分明的法律监管体系，自上而下地从法律、行政法规、部门规章、自律规范四个方面对信息披露规则作出了政策指导以及规则确立，详见表2.5所示。同时，从中国证监会搜集的材料整理来看，有两方面内容总结：（1）对发行人的信息披露要求。从信息披露内容来看，主要要求披露信息是正面的"真实性、准确性、完整性"；从程序方面来看，发行主体及其相关责任主体须按照中国证监会规定的程序、内容与格式来编排信息，履行披露义务。（2）对信息披露监管和责任的相关规定，信息披露主体以及相关责任人，包括信息披露发行人、承销商、中介机构（主要包括保荐人、会计师事务所）等人员范围；信息披露违规行为，主要包括发行人及其相关责任人的虚假记载、误导性陈述、重大遗漏，以及中介机构保荐人、会计师事务所的财务造假、利润操纵行为。对违规行为的处罚形式，主要包括责令改正、给予警告、没收违法所得以及根据情节严重情况处以罚金。对于中介机构而言，相关日常监督机制，如不良行为记录、内部问责机制的建立，对于不同性质的违规责任，分别作出行政处罚与刑事追究的法律问责机制。关于信息披露的责任，其主要表现形式包括虚假陈述、误导性陈述、重大遗漏。根据中国证监会行政处罚委的处罚报告统计显示：（1）我国证券欺诈的违法成本还需提高，应达到足以遏制欺诈的功效。（2）证券欺诈案件以"内幕交易"与"信息披露违规"为主要行为表现。（3）证监会以"没收违法所得"与"罚款"等作为行政案件的主要惩处手段。我国资本市场证券欺诈违法案件的罪数统计表明证券市场欺诈行为依然猖獗。

关于注册制下信息披露的检视，首先通过总结美国金融监管的市场律动性可以看出，美国金融监管的理念在不断变化，具体表现在新法案的出台总是与市场的脚步相一致，而并非完全按照法律条文恪守成规，法律通过不断顺应市场发展和阻却欺诈来维持资本市场的繁荣。其次对美国证券监管理念的四个流派包括合同主义、证券法竞争主义、交易所代替政府监管主义以及中央集权主义进行了比较分析，从而对我国信息披露监管提供了有益借鉴：（1）加强自愿信息披露建设，提高信息披露质量。"合同主义"倡导交易双方自主裁剪信息披露规则，并创造出最大共同利益面，这种思路符合"投资者导向型"披露趋势，更好地体现信息披露内容的"价值相关性"。（2）多层次资本市场的建设与证券法竞争主义不谋而合。由于竞争压力的出现，不同性质与规模的发行人可以选择适合自身实现融资目标的最佳渠道与监管模式，对新兴资本市场具有激励作用。（3）交易所信息监管功能的强化。按照"交易所代替政府监管"理论的主张，通过自律监管来代替政府行政监管，能够发挥交易所的市场调节作用，并在自律中形成监管体系。（4）中央集权的单一制监管模式。其理论根据在于运用行政监督来部分替代法律和自律监管的失灵，弥补市场失灵和投资者非理性行为引发的市场异常波动。在比较研究不同社会结构下中美信息披露监管理念与架构的差异后，对信息披露的理论盲区作出三点总结：（1）认为注册制下信息披露完全排斥实质审核，将形式审核与实质审核对立。（2）忽视社会网络因素的影响，中美证券发行制度的演进与信息披露的监管各成体系，在本土化语境下展开的信息披露改革需要尊重社会发展规律并努力寻求一条本土化路径规划。（3）信息披露责任的执法乏力，行政监管部分代替了法律监督，立法与执法机制之间缺少实践性检验，使法律局限于"宣誓作用"。

第三章 股票发行注册制下的信息披露法律适应性问题

在梳理信息披露演进和现状的基础上，我们了解到信息披露的历史溯源和现实状态，并且通过中美信息披露内容要求的具体比照，总结出当下推进注册制中信息披露的研究进路和避免陷入的研究盲区。为了更切实地将信息披露制度应用于我国股票发行注册制的改革实践中，我们需要从国情出发，从市场环境、监管格局、配套制度三个方面去分析信息披露制度在中国的法律适应性问题。因此，使以信息披露为中心的注册制保护投资者利益的理论逻辑和改革目标得以成立。

一、市场环境问题：投资者非理性行为阻碍信息决策

注册制对信息披露的质量和市场环境提出了更高的要求。一方面，注册制下信息披露以投资者导向为逻辑，不断提高信息质量；另一方面，市场需要高素质的理性投资者为制度依托。在以信息披露为中心的注册制推进过程中应当充分重视披露理念的转型、投资者自身素质以及信息披露本质内容的法律适应性问题。

（一）投资者导向型信息披露的逻辑

总体而言，我国证券发行的披露理念呈现出以满足监管要求为主到

以投资者导向型为主的过渡性特征。这种转变契合了注册制对有效市场的诉求和以市场为主导的改革步伐。

1. 投资者身份的转变

在 19 世纪之前，证券发行组织以为数不多的合伙和合股公司为主，由于发行的数量很少且证券的性质并未脱离普通产品的属性，因此交易双方主体之间通常保持着合同法框架下的债权债务关系，投资者主体被定义为普通意义上的"债权人"，由于交易通常在私人谈判下进行，因此对信息的需求度不高，在欺诈后所依据的也是《合同法》中的诚实信用原则和违约责任追究机制。而《合同法》中也未规定公司向投资者披露信息的正当性基础。到了 19 世纪中期至 20 世纪初，公司制度迅速发展起来，并由此加剧了所有权与经营权相分离的局面，从而使得投资者主体与公司经营者之间增加了代理成本。信息需求显露，《合同法》的规制已不合时宜，从而演变为依靠《公司法》框架下对股东负有的"信义义务"和股东的各项实体权利来满足股东了解公司正常经营状况的信息需求，并确立公司控制人有向股东履行有限信息披露[①]的义务。到了 20 世纪之后，公司与股东主体不断增多，融资需求进一步扩充，在资产证券化和证券交易公众化下资本市场初具规模，证券市场的壮大加剧了投资者主体与经营者主体之间的信息不对称，而投资者对信息需求明显扩大，从以组织管理为属性的《公司法》中有限信息披露转向更具外部性和涉众性的《证券法》中的"强制信息披露"制度，完成了从"股东"到"投资者"的转变。我们可以看到投资者主体身份随着社会经济制度的发展而进行的蜕变（参见图 3.1）。[②]

---

① 有限信息应是以"代理成本"型为限的披露内容。其主要目的是为了便于投资者行使监督权，以此降低代理成本。《公司法》是组织管理法，偏重公司内部治理，因此其属性具有客观局限性。

② 程茂军，徐聪. 投资者导向信息披露制度的法理与逻辑 [J]. 证券市场导报，2015（11）.

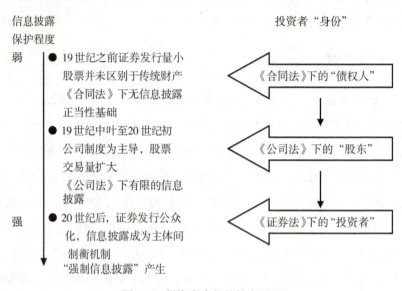

图 3.1　投资者身份的转变过程

2. 投资者导向型逻辑的推出

通过对投资者主体身份的推导，一方面可以发现现行《证券法》规制下的投资者具有明显的信息需求属性；另一方面，以信息披露为中心的注册制度是建立在有效市场假说理论基础上的，更加侧重于通过有效信息的传递增加投资者与发行人之间的沟通。在整个市场主导模式下，注册制将以保护投资者利益作为基本理念，因此从制度属性与存在机理两个方面我们推导出注册制中信息披露与投资者之间的紧密联系。

投资者导向型逻辑发轫于《公司法》框架下的"信义义务"，但以降低"代理成本"为目的的有限信息披露难以覆盖证券发行的公众化需求，因此其成长于更加涉众化的《证券法》，在"强制信息披露"的规制下充分运用信息的有效传递去引导投资者决策。因此，以投资者为导向型的信息披露在内容、结构和价值取向上都将被完善。总体来看，投资者导向型信息披露应当具有这些特征：（1）信息披露的高效性；（2）侧重信息价值的相关性；（3）内容上的可理解性。以高质量的信息披露引导投资者决策，保护投资者利益。但是，从另一方面来说，投资者数量众多，层次上包括机构投资者、个人投资者、专业投资者、另类投资者等，并且不同投资者在信息需求、处理能力、信息偏好方面都不一样。① 要使信息披露做到以投资者为导向，还要做好投资者个性化应对与制度安排。

（二）投资者量化分析与非理性行为

1. 投资者成分量化分析

我国证券市场是典型的散户型市场，机构与个人投资者所占的比例分别为 15%与 85%（而美国，这个数字刚好相反）。2016 年 A 股账户持有人达到 5022.81 万户，其中持有市值 10 万元以下的股民占76.64%，而持有市值 500 万元以上的股民所占比例为 0.23%，1000 万元以上的持有者仅占 0.09%。② 从 2009 年 6 月至 2016 年 12 月，持有市值 10 万元以下账户的股民仍然占我国证券市场投资者数量的绝大多数（参见图 3.2）。

如图 3.2 所示，我国证券市场投资者的成分是以散户为主导、机构投资者为补充的初级证券市场格局，所以持有市值 10 万以下的散户仍然占据绝大多数，这部分人属于几乎没有掌握金融常识的普通老百姓。在面对一系列复杂而令人困惑的信息时，76.64%的投资者能否拿出认真的态度和专业的能力在纷繁复杂的信息海啸中获取他们所需要的信息并作出正确的投资决策呢？很难说。因为人们天然回避陌生而复杂的困难，并且没有那么热衷于作决策。信息披露施予中小投资者的阅读负担

---

① 庄心一：推动投资者导向型信息披露，第一财经网 ［EB/OL］. ［2016-04-05］. http://www.yicai.com/news/2014/11/4035435.html.

② 数据来源 Wind 金融资讯终端：证券市场概况 2016 年 A 股账户持有人市值分布表。

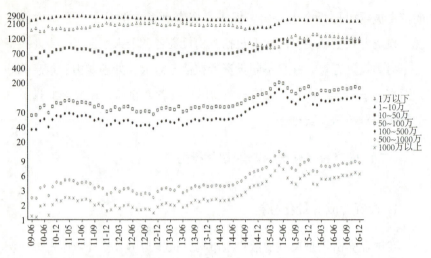

图 3.2　2009 年 6 月—2016 年 12 月 A 股证券账户持有人市值分布图（单位：万户）

在本质上是令人不愉快的。一方面是他们没有能力像机构投资者一样从信息中作出正确分析（即使是在信息传输有效数据的情况下）；另一方面如果耗费在分析信息上的时间成本并没有让他们在股市中获取相应利润，那么中小投资者忽视信息披露的行为其实是理性的（对自身而言），也是有效率的（对社会而言）。所以全面信息披露的逻辑是否拿捏住了投资者面对信息披露的真实态度有待追问。最重要的一点是，既然散户与机构投资者所购买的股价是一样的，那么平摊到每位投资者身上的信息披露成本也是等价的，但是机构投资者在信息处理能力与信息需求度上明显要高于普通投资者，这就可能造成个人投资者替机构投资者信息需求买单的不公平现象。

　　2. 投资者投资意识形态分析

　　从信息披露规则的角度来看，通常我们认为发行人在进行了及时、有效、充分的信息披露之后，投资者将会作出相对来说正确的投资选择。但事实是这样的吗？当一位普通的投资者面对纷繁复杂的披露信息以及各种股票时，信息给予他的有二重因素：（1）感观上的情绪波动和反应。经常可以在报纸和杂志上看见证券分析师用这样的词句来描述投资者："投资者情绪高涨……""投资者风险偏好上升……""投资者情绪短期有所改善……""情绪指标偏谨慎……""市场处于低位震荡，投资者情绪依然未稳"。因此，即使是理性的证券分析师也十分重视投资者情绪的波动。很明显，情绪主导了投资者的投资决策。（2）所谓业内权威人士的评论和对股票行情预测的内心信任。① 通常都是借助于报纸、媒体以及周围投资者的劝诱。可以理解信息阅读的苦闷和错误决策带来的恐惧都使得他们更愿意去听取他人的决策而非自己承受学习的重担。

上海证券交易所关于《股票投资者非理性行为研究》的报告中提到，上海证券交易所交易账户数据研究表明：投资者表现出以"炒新""炒小""炒差""炒短"的投机性行为为主要特征。通过考察不同类型的投资者对公司盈余信息披露公告事件的反应，表明个人投资者比机构投资者表现出了更差的投资决策能力。整体上，个人投资者买入越多的股票，股票的累计异常收益越低。相反，机构投资者买入越多的股票，其累计异常收益也越高，他们更倾向于信息交易。这表明在中国股市上，个人投资者的确表现出了较差的信息获取能力和信息处理能力，他们的交易行为不仅没有为其获得一定的流动性供给补偿，反而使其遭受更大的报酬亏损。另一个较明显的情况则是个人投资者在中国股市倾向"炒作"股票。对于那些被投资者过度交易的股票，尽管大规模个人的交易占比很高，但其实买卖行为相对其他个人投资者更均衡。而对于小规模个人，更倾向于买入那些被"炒作"的股票。② 由此可见，个人投资者在信息量不对称的环境中获取信息的能力与处理信息的能力

① Robin Huihang. Regulation of Securities Offerings in China: Reconsidering the Merit Review Element in light of the global financial Crisis [J]. Hong Kong Law Journal, 2011（267）：261-284.

② 华中科技大学课题组. 股票投资者非理性行为研究报告 [R]. 上海证券交易所第二十三期联合研究课题，74-76.

都非常受限，因此被具有专业金融知识和机构投资者牟取暴利的危险性也很高。而这些原因部分是由于投资者自身投资素质不高和非理性行为导致投资产生偏差。

3. 投资者信息处理能力分析

在论述了投资者成分和投资者情绪的影响因素后，我们来探讨投资者的信息处理能力。认真分析信息处理能力可以帮助我们确认投资者在运用数据和思考投入上是否如信息披露制度所期望的那样多。

在一则调查受试者阅读能力的测试中，潜在的受试者每人获得了一份有 11 段文字的两页表格。只有 53% 的受试者有能力阅读它，其中 20% 的受试者花了不到 10 秒钟，38% 的受试者花了不到 1 分钟，30% 的受试者花了 1 到 2 分钟，12% 的受试者花了两分多钟。同时只有五分之一的受试者提了问题。调查研究人员表明他们也不清楚受试者是否真的在阅读或者说只是出于礼貌或者表明自己并非不识字。大量的证据表明信息被人们忽略、跳过和略读。对于披露信息将产生的价值，集体呈现出无所谓的特征，即使是美国大法官理查德·波斯纳（Richard Posner）在面对数百页关于房屋净值贷款的信息披露文件时也承认，"我没看过，我只是签字而已"。有数据表明，人的短期记忆一次可以承担 5~7 个要素，数字可能是 3~4 个，即使是行业专家，一次记住的变量平均也只是 6 个。因而面对信息披露产生浩瀚的数据传递，短期能够记住多少并无实质意义①，投资者能够从信息披露中获得的"阅读的机会"（opportunity-to-read rule）终究被人体自身记忆功能的局限性所牵制。

（三）投资者导向型信息披露的研究进路

1. 信息披露保护投资者的逻辑

既然投资者自身有这么多的不完美，为何仍旧期待全面信息披露能

---

① 沙哈尔. 过犹不及[M]. 陈晓芳，译. 北京：法律出版社，2015：109.

够使投资者作出相对正确的投资决策呢？在美国，注册制下的强制信息披露和全面信息披露理念依然稳健而中庸地发挥着其巨大功能。它之所以能够取得成功，是与两种社会基本意识形态相符合的：（1）自由市场原则。自由放任，去管制化，这符合时下中国政府简政放权的趋势。（2）个体自治原则。社会制度崇尚的天赋人权和消费者受保护原则。毕竟消费者是喜好选择的，只是不知如何更好地去选择。同时，全面的信息披露有效地遏制了社会腐败，并且它作为一种很轻微的监管手段，并没有堵死上市公司、监管者和投资人的任何行为选择，这是信息披露在政治上的成功。

但是，面对现实障碍，难道精明的银行家和严谨的法学者们都熟视无睹吗？毕竟，披露是有成本的。既然现有的投资者有诸多不完美，那么它因此备受推崇的理由又是什么呢？

根据经济学家们对上市公司信息披露质量对于资本市场影响的实证研究表明，高质量信息披露的积极因素在于：（1）降低公司股权融资成本。通过减少信息不对称现象，降低了股票的风险系数，使投资者对股票回报率要求减弱，从而减小了股票买卖差价，增加了股票的流动性，有利于上市公司降低股权融资成本。（2）抑制内幕交易获利。上市公司信息披露质量的提高，减小了私人信息存在的空间，使其获取难度加大，时间延长，从而时效性减弱，因此投机人利用内幕信息获取超额利润的可能性减弱。另外，在实证研究中发现，高质量信息披露降低公司股权融资成本与抑制内幕交易获利的结论，相较于美国，在中国资本市场表现得并不明显。其主要原因是我国投资者并没有将信息披露质量作为判断公司价值和投资股票的重要参考因素。① 因此，信息披露促进资本市场发展、保护投资者的理论逻辑是正确的。但是因为国内投资者对信息披露的接受和处理能力过于薄弱，丧失了前提性基础，从而导致信息披露的积极因素没有得到充分发挥。仔细分析注册制要求的高质

---

① 李忠. 中国上市公司信息披露质量研究 [M]. 北京：经济科学出版社，2012：96.

量信息披露和高素质投资者，这二重因素都属于逻辑因果链条上的两个环节，虽然薄弱但可以进行修补。在这个概念下，注册制的信息披露规则将被重新设计和延伸。

2. 以投资者为导向的设计思路

通过之前对投资者的分析，发现信息披露在投资者适应性上存在着诸多问题，如功能性文盲、过载问题、堆积问题、阅读的机会、被掩埋的事实等。这些问题的存在一方面是受市场环境制约和由投资者素质不高而引起的，另一方面是注册制对信息披露提出了新的要求，现有信息披露需要重新规则设计才能发挥正面效应。正如诺贝尔经济学奖获得者罗伯特·席勒教授所说，"理解经济的运转以及政府在经济中的作用不能仅仅考虑经济的动机，还需要我们深入考察信心、公平、腐败、幻觉以及历史带给我们的故事"，"如何让有着不同能力和不同经济知识的人表达他们的投资偏好，又不会使他们受证券欺诈的伤害？我们怎样让人们发挥他们对投资机会的强烈直觉，又不会引起投机泡沫及其破灭"[1]，这些问题告诉我们只有在注册制变革中充分重视投资者的自身属性并加以完善，才能将以信息披露为中心的注册制的正面效应发挥到最大。通过信息披露的重构，才能解决投资者适应性不障问题。

从基本层面来说，投资者导向型视角下的信息披露规则应适度体现对投资者利益保护的导向和体现对不同层次投资者的差异化，以及整体信息披露的有效性。具体而言，根据注册制对信息披露的要求以及投资者导向型信息披露的特征，我们可以明晰信息披露的设计思路：（1）内容上的清晰简明。有效地组织和陈述大量信息是有难度的。信息"过载"和"堆积"进一步减弱了投资者对信息的接收和筛选能力。所谓信息的"棘轮效应"就是立法者本着让投资者了解一切的决心，在

---

① ［美］阿克洛夫，席勒. 动物精神［M］. 黄志强，等，译. 北京：中信出版社，2012：216.

一个新的问题发现后便扩充现有的披露条款，继而在这些条文修改、扩展、补充、重复、强调后以求达到使投资者全面理解的可能。投资者的阅读精力不堪重负，信息池成为不断累积的堰塞湖，全面披露的效果过犹不及。因此，对信息披露中"专业术语通俗化""数据变量的整合计提""冷僻内容的删减"以及"投资者权利揭示"的工作能够极大地提高有效信息的传递，使投资者对信息披露的亲切度增加。（2）结构转向"价值相关性"。将以"重大性"为标准的信息披露转向与投资者紧密相关的"价值相关性"标准，加入除公司财务信息等公司硬信息以外的"软信息"，对于投资者感兴趣的公司非财务信息、公司行业信息、前瞻性信息以投资者的视角去评估公司未来发展前景，判断公司内在价值，区分证券行业信息的披露事项，对公司内部治理中事项加入未来盈利或偿债能力影响分析等。以上做法的意义在于使信息披露体现出投资者导向性和差异化，以提高信息披露的高效性。① （3）外部信息整合者的倚重。信息披露的简化虽然目标清晰，但是简化的工作却并不简单。简化的是语言而并非思想，虽然普通人做得不好，但是专家们却可以做得很好。我们可以把进行信息披露简化工作的行业专家们当成"信息整合者"。他们从事各种职业，包括但不限于金融分析师、律师、会计师、评级机构、数据统计人员等行业精英。注册制的改革一旦实施，投资者势必需要这些证券服务机构和人员的智力支持。而这些信息整合者将汇集大量的上市公司内容加以优化，作出评级。这样做的意义在于借助市场外部竞争机能去提升信息整合者的诚信度与专业能力，以此来满足投资者对深加工信息的需求。

二、监管格局问题：信息监管权力分配失衡

注册制中信息披露对投资者的法律适应性问题是注册制改革面临

---

① 程茂军，徐聪. 投资者导向信息披露制度的法理与逻辑［J］. 证券市场导报，2015（11）.

的市场环境因素不障的后果，要解决市场层面的表象问题还需要探究上层监管格局的结构。由于中美等国证券体系所嵌入的社会网络不同，因此在监管机构权力划分、审查流程和监管理念层面都出现了差异，同时，内地也受到了我国香港地区"双重存档制"监管模式的深层次影响。在这些比较研究之中，我们看到美国"双重注册制"中充满了实质审核内容，以"联邦—州—行业自律组织"三足鼎立的证券监管架构才是美国证券法在实施层面的全貌。① 因此不能片面地理解注册制就是抛弃实质审核的形式审查。同时我们也看到了我国高度中央集权的单一监管模式带来的体制弊端，保荐人缺乏专业素质，"过会"导向严重，证监会预审会与发审委的审核有流于形式之嫌，组成人员的行业属性薄弱。因此，我们应当对我国注册制嵌入式地植入实质审查，清晰地掌握全面信息披露中的实质信息概念，并在首发上市流程中关注细节问题，包括每轮审查问题的内容、审核日期的重新起算等改革措施，使我国证券监管权力实现从中央集权到机构制衡的"和平演变"。

（一）高度中央集权的单一制监管

总体而言，我国目前实行的证券监管法制体系是高度中央集权的单一监管模式。以沪深两大证券交易所为主要证券交易平台，但全国上市企业的上市资格决定权由中央证券监督管理委员会掌握，交易所、地方政府、行业自律组织对企业上市的影响通常是间接的（参见表3.1）。②

从表3.1可见，企业首发上市的决定权全部收归中央管理，而对于交易所和地方证监系统的职能在于履行上市后续工作。在整个监管权力设置上，交易所和地方证监系统并没有正常发挥功能。在我国实施注册制改革目标中，改革的基调是将企业首发上市的监管权力分配给交易所，让市场成为决策的主体，政府逐步实施简政放权。因此，我们现在

---

① 沈朝晖. 证券法的权力分配 [M]. 北京：北京大学出版社，2016：103.
② 朱锦清. 证券法学：第2版 [M]. 北京：北京大学出版社，2007：93-96.

研究的路径是将中央集权的单一监管模式逐渐演变为以沪深交易所和各地方证监局等证券监管机构相互制衡的监管权力架构。

表 3.1　　　　我国证券发行的高度中央集权单一监管模式

名称	对发行影响	具体作用
证监会	决定上市与否	1. 证监会预审会审核材料 2. 证监会发审委议事表决申报企业
沪深交易所	安排上市流程	1. 安排已通过中国证监会核准的公司的具体上市时间 2. 为那些拿到证监会的拟上市公司分配一个证券代码
地方证监局	辅导上市企业	1. 进入辅导备案的企业没有准入门槛 2. 在上市辅导方面，地方派出机构没有硬性执法手段 3. 几乎所有企业都能通过辅导验收

为了更好地借鉴美国和我国香港地区的经验，我国内地有必要通过研究来还原域外法制的原貌。在比较研究中发现，我国注册制的改革研究方向在借鉴美国经验的同时陷入了一个盲区，就是忽视了美国"双重注册制"中州层面的实质审核。而联邦注册制的法律体系是建立在各州实质审核监管制度基础之上的，这才是美国"双重注册制"背后的法律哲学。中国企业在美国上市，是在美国的国际版上市，根据《全国证券市场改善法》（National Securities Markets Improvement Act of 1996，NSMIA）的规定，中国企业属于联邦专属管辖范围，豁免了州的实质审核。因此，我们现在将注册制中实质审查与形式审查通过简单的"二分法"来判定注册制的性质是不客观的。实质上美国联邦层面的全面信息披露原则中也包括了相当一部分"实质性"信息，而美国证交会对何为"实质性"信息的判断正是他们工作的重点。因此，对信息

的"实质性"判定和在注册之中嵌入实质审查是我们进行改革的研究进路。确切地说，通过比较我国内地与美国和香港地区的监管权力配置模式，可以发现现行的监管改革架构更趋同于我国香港地区的"双重存档制"（Dual Filing）模式（参见表3.2）。①

表3.2　　我国香港地区证监会"双重存档制"（Dual Filing）

	联交所	证监会
权力	审查、批准上市	否决权
审查标准	《上市规则》	《证券期货条件》

由表3.2可见，我国内地注册制改革的方向与香港地区的监管模式更契合，我国未来的审查模式是将企业上市决定权下放到沪深两大交易所，由交易所审查申报材料并批准或否决企业上市。然后交易所将通过注册的企业材料上报到证监会，证监会虽然放弃了企业上市决定权，但依然享有否决权。这样的监管模式从步骤和权力配置上都受到了香港地区"双重存档制"的影响。因此，一方面我们需要在借鉴美国监管模式的同时去认识其以"联邦—州—自律监管组织"三足鼎立的证券法治全貌，比较研究联邦层面的实质性信息审查；另一方面我们在设计以信息披露为中心的注册制监管权力架构时，要避免陷入研究盲区，应该从域外法制的全貌去探寻制度架构的研究路径。

（二）美国双重注册制的监管哲学

为了更好地还原域外证券法律制度的原貌，我们需要对中美证券监管思路、主要决策机构和企业上市审核流程进行比较研究，以求在比较中找到我国以信息披露为中心的注册制在监管架构上的研究进路。

---

① 何美欢. 公众公司及其股权证券：上［M］. 北京：北京大学出版社，1999：178.

1. 对信息披露要求的异同

我国以信息披露为中心的注册制，从宏观层面上看一直坚持证券发行"公开、公平、公正"的"三公原则"作为信息披露的指导性原则。而在信息披露的具体内容上关于信息披露的审核重点将在于信息披露文件的齐备性、一致性和可理解性。但是，无论是宏观层面上的"三公原则"还是微观层面上的"齐备性、一致性和可理解性"，都过于宽泛，不足以作为审核披露信息的具体应用标准。以中美招股说明书为例，美国对信息披露的要求很完善，也很全面。在比较中可以看到我国在具体层面上对信息披露的要求还不够细致（参见表3.3）。①

表3.3　　　　　　　　　　美国与中国招股说明书差异

项目	美国证交会要求	中国证监会要求
招股说明书具体构成	总体结构：财务报表与正文（规范） 标准之外可披露：企业文化等内容	不包括财务报表，标准之外无内容，仅披露财务信息，另附编制基础与重要条文解释
信息披露要求	要求说明会计数据来源（严谨） 可针对还未确定资金用途的情况说明理由（灵活）	无须说明会计数据来源 必须解释使用资金用途，不利于成长中的新兴企业探索商业盈利模式
招股说明书总体质量	专业律师编制 涉及专业内容有投资银行参与 成本花费巨大，质量高	保荐人（证券承销商）编制 对财务数据及市场敏感度低 成本不高，质量偏低

从表3.3可见，我国招股说明书对信息披露缺乏细致化思考，对财

---

① 资料来源：Wind金融资讯终端提供，SEC，西南证券整理分析。

务、公司文化上的疏漏将流失很多有效信息，而在资金使用用途上的严苛又会影响企业成长弹性。这些都是信息披露监管要求可以完善的地方。另外，从表中可以看到联邦层面的注册制招股说明书对信息披露的要求也包含着实质信息内容，值得我们去研究美国"双重注册制"中实质信息在联邦与州监管两个层面的分配比率。

2. 首发审核流程：效率与公平

中美证券监督机构在企业上市首发流程上体现出了三个方面的具体差异（参见图3.3）。

通过图3.3的比较分析，可以看到美国的审核工作兼顾了效率与公平，从效率角度上来说企业若无信息披露缺陷，则递交申请20日内自动生效。在对信息披露缺陷问题的提出涉及诸多实质性信息，力求做到证券投资价值与投资者决策判断之间保持公平。进而，在比较中美企业上市审核工作中总结出我国上市审核流程三个方面的缺陷：（1）审核委员会组成人员的行业属性不强。在美国证交会公司融资部对工资注册登记审核以小组审核进行，每个审核小组设有一名主审员，而小组内成员除律师、会计师、分析师以外还有该公司行业领域内的专业人士，如纺织、钢铁、石油等领域的专家。我国发审委组成人员均由证监会聘任，在委员来源和人员特征方面具有同质性，每一年来自部委、高校、事务所委员的人员比例固定为律师5名、会计师9名、资产评估师1名。在行业属性上由于缺乏亲身调研，资料来源从保荐人到预审会再到发审委，几经筛选将发审委与公司之间的信息不对称大大加深，很难保证审核的客观公正性。（2）审核时间的延展性不够。在美国，如果上市公司属于新兴行业或技术性较强的行业，证交会则会对申报材料作广泛调研。在这一方面，我国对上市公司信息披露的行业属性由于审核时间上的固定限制，缺少调研时间，导致对上市公司的行业审核不够全面和尽职。（3）审核答疑环节过简。由于美国证交会的人员数量和财政

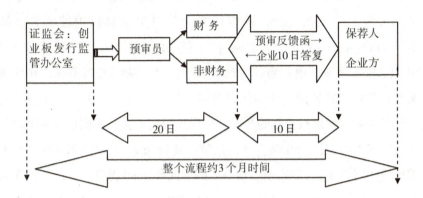

a. 我国创业板首发上市流程①

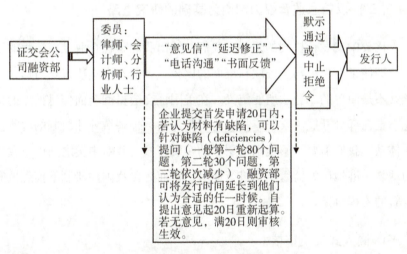

b. 美国证交会首发审核流程②

图 3.3　中美企业上市首发流程比较

①　资料来源：《中国证券监督管理委员会股票发审委工作细则》，证监发〔2006〕51 号。

②　John C. Coffee, Joel Seligman and Hillary. A Sale, Securities Regulation〔M〕. 10 th ed. Foundation Press，2007：173-178.

金额来源都大大超过中国证监会数额，因此在审核答疑环节中也显示出了人力和时间上的差异。美国证交会针对申报材料中的所有"缺陷"（deficiencies）进行几轮问答，通常第一轮有 80 个问题，第二轮 30 个，依次递减。他们会针对这些披露信息的缺陷穷追不舍，并且丝毫不介意就"意见信"中的问题与拟发行人"耗"下去，这体现了美国证交会对首发审核流程的严苛。反观我国发审委的实质审核，平均每一届发审委约审核 150 家企业，也就是每两天审核一家的频率（发审委每届任期一年），发审委人均一天的审读量是 60 万字①，且留给券商和发行人回答问题的时间很短。在这种情况下，造成发审委对企业的上市实质审核有流于形式之嫌。

（三）以信息监管权力制衡为基础的研究进路

比较中美发行机制的差异，我们总结出我国审核企业上市流程的不足。即使是在中央与美国联邦层面的比较，也能看出实质审核与形式审核并不是简单的二分法所能定义。在美国证交会贯彻全面信息披露的概念下也在部分开展着实质审核。为了更好地去理解域外注册制的法律监管体系，我们需要了解美国州层面的实质审核，并对中美之间以及我国内地与香港地区的监管架构进行比对，进而完善我国注册制下信息披露监管的流程再造。

1. 嵌入式实质审核

社会网络分析理论认为，个体或组织所嵌入的联结所形成的社会网络结构对他们的行为有较大影响。② 由于中美两国在地缘文化和经济政

① 沈朝晖. 证券法的权力分配［M］. 北京：北京大学出版社，2016：45-110.
② 沈朝晖. 证券法的权力分配［M］. 北京：北京大学出版社，2016：21. 转引自 Lior Jacob Strahilevitz：《社会网络、社会规范和行为分析》（Social Networks, Social Norms, and Behavioral Analysis），2013 年 7 月，芝加哥大学法学院"法和经济学"暑期项目课程资料。

治结构上都存在很大差异（中国属于单一制国家，而美国则是联邦制国家），因此在证券监管领域表现出了不同的法律制度结构。根据之前的论述，我国属于中央集权的单一制监管模式，在注册制改革时期逐步从政府监管过渡到市场自我监管层面，在证监会、交易所、行业自律组织和地方证监局系统等机构中进行监管格局的重新划分，意图构建一个以市场为导向、理性投资人和机构相互制衡的多层次资本市场生态系统。进而，在借鉴美国"双重注册制"的过程中，我们需要重视实质审核在联邦与各州审核层面贯穿始终，将实质审核与形式审核的比重更好地融合进未来注册制的审核结构之中。

美国从联邦到州监管的法律监管过程是这样展开的。首先，美国的《全国证券市场改善法》（简称 NSMIA）规定，"联邦管辖的证券"（Federal Covered Securities）在这三个领域享有排他性的监管权力，并优先取代各州的"蓝天法"。其范围包括三个方面：（1）在证交会注册、在全国性股票交易市场或纳斯达克市场交易的证券；中国企业在美国上市，根据这一规定属于"联邦管辖的证券"范围，豁免了州层面的实质监管。（2）经纪人与交易商之间的监管。（3）投资顾问的监管。其次，美国证交会在证券不属于联邦专属管辖，又不属于州监管豁免范围后，必须进入州层面的实质审核，以各州"蓝天法"为主要法律依据。

"蓝天法"的直接目的是阻止劣质证券进入投资人的投资领域，借助州监管的优势能够最大化地创造州内社会福利并内化成本和收益。因此"蓝天法"为了打击那些向普通投资者兜售劣质证券的投机商，必须进行实质审核，以保证这些证券的价值和可投资性（参见表3.4）。

从表3.4中可以发现，州实质审核的九个标准的中心思想是围绕着"保护中小投资者"展开的，根据发行人的成熟度不同设置了不同的申报方式，对股票的质量和价值都严加把关，其根本目的在于通过控制劣质股票进入市场来达到保护中小投资者的目的。在州层面上的实质审查是联邦双重注册制实行的基础，二者之间虽然有共同管辖和重叠管辖的部分，但基本上属于平行的两个监管层面。这种运行模式正是美国"双重注册制"背后的法律哲学。

表 3.4　　　　　　　　　　美国各州层面的实质审查概况

原则①	证券发行对投资者必须"公平、公正与平等"（"fair, just, and equitable"）
方式②	"通知注册"——提交一份简短表格注册，适用于有 5 年成熟经营史的发行人
	"协调注册"——向州监管机构提交 3 份在联邦注册招股说明书及额外要求信息，适用于已经在联邦注册的公司证券
	"资质注册"——完全的实质披露并且受州监管发行实质审核，大部分适用于州内发行
实质监管的九个标准③	1. 限制承销与发行费用，避免稀释大众资本，保证合理资金收归发行人 2. 承销与发行费越高，暗示证券质量越差。降低投资风险是"蓝天法"的理论目标 3. 利益冲突审核 4. 便宜的股票（cheap stock）。防止过分稀释公众投资，防止内部人持有不合理比例的发行人股份 5. 发行价格合理 6. 股东投票权是否完整 7. 利息与股利的发放情况 8. 发起人的股东投资情况 9. 其他注册标准

① Tomas Lee Hazen. The Law of Securities Regulation ［M］. West Publishing Co. , 2009：131-132.

② Tomas Lee Hazen. The Law of Securities Regulation ［M］. West Publishing Co. , 2009：136.

③ The Ad Hoe Subcommittee on Merit Regulation of the State Regulation of Securities Commission. Report on State Merit Regulation of Securities Offerings ［J］. Business Law Journal，1985（41）：785-811.

我们在进行注册制信息披露审核的流程再造中，必须充分重视实质审核的部分，这是投资者导向型信息披露工作开展的基础。对实质的把握包括对披露信息的实质性判定，这是美国证交会审核工作的重点，也是我国开展注册制改革需要关注的盲区。

2. 机构制衡的比较

由于嵌入的社会网络关系不同，因此在注册制的监管架构上呈现出美国"双重注册制"、我国香港地区"双重存档制"和我国内地未来注册制改革的结构预设。在了解美国联邦注册制是建立在各州实质监管基础之上后，我们也发现了我国内地未来注册制以交易所为主审机构的监管格局深受香港地区"双重存档制"的影响。一方面，我们可以吸取美国在进行注册制监管时将实质审核贯穿始终的有益经验；另一方面，我们在重新分配监管权力的设计上可以借鉴香港地区模式，将权力过渡到市场，通过保留证监会的最终否决权，达到权力制衡与兼顾效率的双重效果（参见图 3.4）。①

通过对以上三者在监管格局架构上的比较，我们可以得出这样的研究进路：（1）从证券监管权力分配角度，我国内地参照香港联交所与上市委员会的制衡机制，最大化地提升市场主导作用，同时保留政府的最终否决权。而否决的标准则在于把握好政府进行宏观调控和适度干预的力度。（2）从保护投资者利益的角度，我们需要学习美国从联邦到州监管层面如何将实质审核做到贯穿始终。一方面是满足了新兴企业的融资需求，另一方面有效控制股份进入资本市场从而达到保护投资者的目的。

3. 流程再造

通过以上比较研究，笔者对未来企业上市首发审核流程提出五个方

---

① 汤欣，魏俊. 股票公开发行审核模式：比较与借鉴［J］. 证券市场导报，2016（1）.

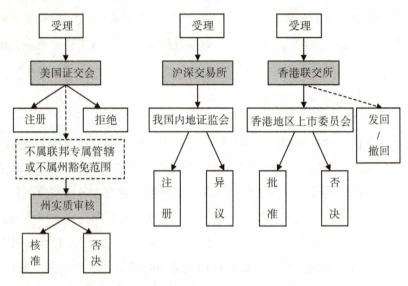

图 3.4 美国"双重注册制"、我国内地注册制改革方向、
我国香港地区"双重存档制"比较

面的建议：（1）权力分配：将审核权力下放到交易所，证监会享有否决权。保证市场主导，政府适度干预的权力制衡机制。（2）审核委员组成：引入行业专家，增强公私两方人员互相监督。（3）议事流程：完善决策组织议事协调程序；在审核机构中实行逆序发言，由被聘专业人员先发表行业建议，再进行部门审核人员讨论，资质越老的成员越后发言，避免对发行上市的决策产生"羊群效应"。同时在讨论的过程中拆分问题，一次只集中讨论一个问题，避免混淆观点。主席始终保持中立位置，负责议事程序事项。（4）审核时间：建立时效反馈制度，在有效时段内针对披露信息的缺陷提出疑问后，时效重新起算。（5）问题设计：实质信息的审核；在每轮审核问题中注重对实质信息的提出和尽职调查。调整好审核问题中实质审核与形式审核的问题比例，以保证注册制下股票的最低投资价值。这些研究进路将在下一个章节注册制下信息披露的设计中作详细论述。

三、配套制度问题：退市制度与诉讼制度缺位

（一）注册制下的信息披露制度链条

公司上市发行股票的实质是为公司融资，而公司首发上市流程的部分则属于证券发行制度，实施注册制的主要动因是为了增加新兴中小企业的融资机会，但是注册制是以部分放弃政府的实质审核，允许不同质量的股票进入投资领域为代价的，某种程度上是对投资者的考验。如果有其他的替代方式可以解决中小企业融资的困难，那么现阶段就不需要急切地实施注册制改革。同样，股票发行注册制在解决中小企业融资难问题的同时，在投资者保护方面，需要建立相应配套措施来完善法律惩罚机制和救济机制。否则，缺少了相应配套制度的注册制，就无法承担起保护投资者利益的改革使命，信息欺诈的违法成本过低，那么欺诈还将继续，也无法将注册制的正面效应发挥到最大。在整套以信息披露为中心的股票发行注册制中，发行人依靠合规的信息披露拿到资本市场入场券，不同资质的股票被市场过滤和选择，通过一个自由的市场角逐机制，绩差的股票终将下架，欺诈的行为也将受追究。因此，退市制度与承担证券欺诈监管的诉讼机制需要跟进。

1. 以信息披露为中心的注册制制度链条

注册制的实施，是以夯实市场基础，完善法制环境，健全配套措施为改革基础，与健全多层次资本市场体系，推动多渠道股权融资等制度建设相互助益。证监会发布的《关于授权国务院在实施股票发行注册制改革中调整适用〈中华人民共和国证券法〉有关规定的决定》从2016 年 3 月 1 日起实施。说明注册制在新的法律授权下进入全力推进阶段，同时落实和完善注册制的各项配套制度。总体来看，注册制的制度链条需要以严格的退市制度、有效的诉讼制度来完善和补充。通过退

市机制达到资本市场股票优胜劣汰的顺畅状态，通过有效的诉讼机制来保护中小投资者利益，并抑制证券欺诈、信息披露等违规情况（参见图3.5）。

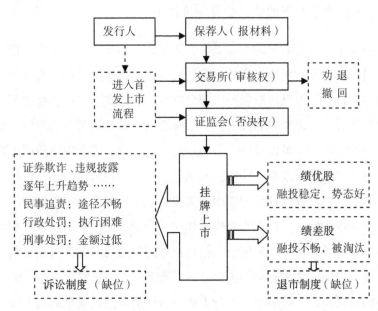

图 3.5 以信息披露为中心的注册制制度链条设计

2. 后续机制缺位

根据图3.5所示，注册制由于宽松的准入环境，以及注册制促使企业上市的节奏加快，资本市场必将监管职能推后到事中、事后监管阶段。因此，在注册制实施的后续监管上需要依靠退市制度和有效诉讼机制来完善注册制制度链条，提高证券欺诈的违法成本，保护中小投资者利益。

首先，退市制度作为后续监管的疏通机制，用来引导劣质股票的流出，防止资本市场在扩容后出现"堰塞湖"现象，保证证券市场的良好生态系统是完成以信息披露为中心的注册制制度链条必不可少的环节。

其次，在信息披露的事中、事后监管上需要理顺民事、行政、刑事诉讼纠纷解决机制，这三种现有的诉讼制度都存在一定程度的缺陷：（1）民事诉讼制度的个人投资者诉讼途径不通畅。（2）行政诉讼运用的频率最高，但执行困难。（3）刑事诉讼制度在处罚金额上与证券欺诈获利金额比例过低，综合比较，目前的证券欺诈违法成本过低，且在司法系统内部，专业人员对证券纠纷处理的法律经验不足，法院对证券欺诈案件的审判能力也十分薄弱，很难在短时间内承担起注册制市场扩容后引发的后续机制事中、事后的监管工作，究其原因也是诉讼机制不畅而导致的困难。

因此，从层次上和违法责任追究上建立与欺诈行为相配套的惩处机制，提升现有证券欺诈的违法成本，通过这两项制度的完善来满足事中、事后监管的实质要求，才能弥补注册制单兵突进的系统风险。

（二）注册制下的退市制度

实践表明，良好的法律制度是一国证券市场发展的基础。注册制的实施提高了股票的上市节奏，扩充了资本市场的股票容量。如果不能严格执行退市制度，那么市场必将成为"堰塞湖"。注册制发达国家都相应地建立了一套成熟的退市制度来保持证券市场高质量的流动性和效率性。通过比较，随着企业上市数量的递增（2013 年 IPO 暂停一年），我国与海外证券市场相比，退市率偏低且数据相差十几倍，很难满足对市场流通性高标准的注册制要求。但从历史因素和具体国情来看，我国证券市场在过去二十年间以服务于国有企业为主的政策使命造成了 A 股市场的国有企业数量相当庞大，退市机制受到行政治理的多重影响而效率低下。因此，要建立好退市制度，必须考虑三个问题：（1）国有企业在主板市场的数量问题；（2）注册制下 ST 制度的缓冲作用是否还有意义；（3）因信息披露而强制退市的投资者赔偿问题。

1. 现行退市制度检视

从构建注册制预设框架的角度去观察退市制度概貌，可以发现我国现行退市制度的两个特征：（1）证券市场国企数量占主板份额过半；（2）海外市场的年均退市率远高于我国（参见表 3.5）。①

表 3.5　　　　　　　　　沪深两市主板国有企业份额情况

板块	上证上市公司	深圳主板上市公司
企业个数	1081	478
国有企业个数	596	269
国有企业市值占比	64.58%	53.24%

根据表内数据可知，我国证券市场国有企业所占份额过半，数量相当可观。这与我国股票发行制度的历史背景具有深刻联系，中国资本市场建立的头二十年的主要功能是为 A 股，为国有企业融资服务。以契约治理混搭的行政治理的中国上市公司特殊治理结构被海外学者称为"政府主导型"监管制度设计。② 随着 2005 年国企改革三年攻坚的结束，证券市场为国企服务的政治任务基本完成。从配额制转向保荐制，将地方政府手中的保荐资源释放出来，使得为政治服务积累下来的中央、地方国有企业占据了资本市场的主要份额。因此，我国退市率低的主要因素是资本市场为国有企业提供融资渠道的状态逐渐固化，而国有企业的数量庞大，长期受行政契约混合管理的资本市场难以撼动固有经济运行模式（参见表 3.6）。③

---

① 数据来源：Wind 金融资讯终端 深证证券交易所，西南证券整理分析。

② 卡塔琳娜·皮斯托，徐成钢. 转轨经济中证券市场的治理：来自中国的经验［M］//吴敬琏. 比较. 北京：中信出版社，2005（19）：184-210.

③ 数据来源：Wind 金融资讯终端 西南证券 深证证券交易所。

表3.6 中国与海外市场年均退市率比较

中国退市率状况							
年份	2009	2010	2011	2012	2013	2014	2015
退市数量	8	5	5	6	7	19	23
退市率（%）	0.28	0.18	0.18	0.21	0.25	0.67	0.81

海外主要市场年均退市率			
主板市场		创业板市场	
英国伦交所	11.4	英国 AIM	11.6
美国纽交所	6.2	美国 NASDAQ	8.0
日本大阪交易所	3.3	日本 JASDAW	5.8
韩国证交所	2.3	韩国 KOSDAQ	2.3

如表3.6所示，我国退市率从2009年至2015年始终保持在1%以下，与海外市场相比，数据相差很大。因此，退市率若需要与国际接轨，建立进退通畅的生态市场就需要解决国有企业退市问题。从政策角度来看，目前以鼓励国有企业兼并重组为缩减数量的主要途径。退市制度的建立有待于国有企业新一轮的经济改革。

2. ST 制度式微

ST 制度建立于我国股票发行实行配额制时期，作为辅助国有企业融资的一项机制，其主要作用是给绩效差的上市公司一个缓冲时间，使 ST 公司具有重新调整补救的机会。另外，作为重要的"壳"资源，上市公司在股价下浮后由于"壳"资源的哄抢预测，股价又会呈现出飙升趋势，但并不代表上市公司本身的绩效转优。并且，在实行保荐制后，ST 制度对各地方配额的追溯作用意义已经不大。所以，在实施注册制后，"壳"资源价值不复从前，绩效差的上市公司不应再依靠 ST 制度的缓冲作用作为补救途径，应当利用多层次资本市场的转板机制为摘牌公司提供适合的融资渠道。如接下来要讨论的 ST 博元退市后转板至新三板市场的新途径。这样的转变将使场内交易更加轻松并便捷地运行起来，这也是我国构建多层次资本市场和实施注册制的意义所在。

3. 由"博元退市"引发的信号

2016 年 3 月 21 日，上海证券交易所宣布 ST 博元股票正式终止上市。这是中国资本市场第一家因重大信息披露违法而终止上市的公司。另外，在十三五规划中明确了"创造条件实施注册制"的经济政策，继而证监会主席刘士余对注册制的推行强调"只有监管才能保证改革措施顺利实施"①。这些表面上看似割裂的事实，实际上遵循着一个共同的逻辑：注册制的实施离不开执行严格的退市制度。

从博元退市可以看出证监会对上市公司后续监管力度的加大，因信息披露严重违法违规的上市公司被曝光频率和惩处程度也愈发频繁。上市公司违法违规数量呈逐年攀升趋势，而其中信息披露违规所占份额最多（参见图 3.6）。②

如图 3.6 所示，从 2014 年至 2019 年，个人信息披露违规所占违规比重为 61%，公司信息披露违规所占违规比重为 71%。总体看来，上市公司违规事件中信息披露违规所占比重最大。以信息披露为中心的注册制在信息披露监管方面的程度要比以往更加严苛，以投资者为导向型的证券市场交易规则必须建立在信息披露真实、完整、准确和及时的基础之上，以此来达到注册制对信息披露的高要求以及要起到正确引导投资者投资的目的。因此，信息披露违规状况居高不下是资本市场健康状况堪忧的具体表现，说明证券欺诈的行为还在继续并愈发严重。同时也说明了三个问题：（1）以信息披露保护投资者的逻辑有待强化，因为

---

① 《西南证券策略点评报告：注册制如何实施？博元退市或是信号》，东方财富［EB/OL］.［2016-04-25］. http：//data. eastmoney. com/report/20160325/cl, APPH32wXHPIxReport. html.

② 数据来源：Wind 金融资讯终端，西南证券。

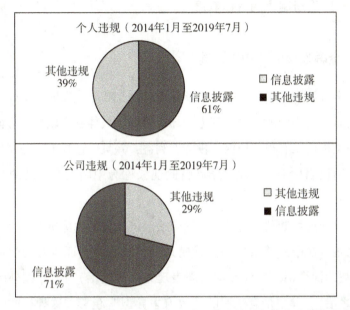

图 3.6　2014 年 1 月—2019 年 7 月个人、公司信息披露与其他违规状况占比率

现实状况下信息违规过于频繁，无法确保信息的真实、准确、完整、及时；（2）上市公司因信息披露违规而摘牌之后需要依靠灵活的转板机制来进行补救和缓冲，一般上市公司因连续亏损而退市后都会进入股转系统来满足现有融资需求，如 ST 博元退市之后即转入中小企业股份转让系统，通过这样的转板来打通多层次资本市场通道；（3）信息披露违规事件的逐年增长和高占比率，说明证券欺诈行为还在继续并愈演愈烈，现有处罚机制的威慑作用不够强大，证券市场违法成本过低。根据《最高人民法院关于审理证券市场因虚假陈述引发的民事赔偿案件的若干规定》以及上交所的《股票上市规则》规定，因重大信息披露违规而退市的公司在没有对投资者民事赔偿作出妥善安排前禁止上市。因此，投资者依靠法律手段获得赔偿的途径已明确，但诉讼机制的有效性却又是一大现实困难。

（三）注册制下的诉讼制度

1. 金融发展的"中国之谜"

有学者认为，中国的证券市场在 20 世纪 90 年代发展得很好，但是相比较而言，中国的证券监管力度却很薄弱，具体到金融执法方面，法院和相关机构没有很好地保护投资者利益，并且对违规上市公司的威慑阻却作用也明显不足。海外学者将此现象称为中国金融发展的"中国之谜"①。

要解开这种谜题，离不开我国政治经济发展的大历史背景。根据之前的论述，在中央集权单一监管模式下，我国对于证监会的治理属于"行政契约混合治理"（契约治理表现为法律之治），而非国外的纯粹"法律之治"，其中带有浓厚的"政府主导型"色彩。这种行政契约的混合治理降低了法律的调整功能，更确切地说，长期的行政契约管制是正式执法机制失灵导致的。

2. 现行诉讼机制评价

在现行法律体系内，因信息披露违规而产生的证券欺诈、争端、纠纷、诉讼呈现出不同程度的弊端，具体来看分别存在如下现实障碍：

行政诉讼方面集中表现为"执行难"问题。证监会作为行政机构对违规上市公司作出的处罚决定属于具体行政行为。但是在申请执行方面却并没有如税务、海关等行政机构一样享有准司法权，因此，对违规上市公司执行处罚的权能根据《行政诉讼法》规定需要申请法院强制执行，这就从客观上造成了证监会执行方面的障碍。并且，根据法律规定，执行法院必须是申请人所在地的基层法院，而作为唯一具有处罚决

---

① 卡塔琳娜·皮斯托，徐成钢. 转轨经济中证券市场的治理：来自中国的经验［M］//吴敬琏. 比较. 北京：中信出版社，2005（19）：184-210.

定权的中国证监会并未将权力分配给地方证券监管机构（税务、海关享有强制执行的准司法权能是因为地域、时间和执行效率促使司法执行成本需要分摊到各地方监察机构），因此能够对违规上市公司进行处罚的法院只有北京市西城区基层人民法院，形成了"处罚多、执行弱"的局面。所以解决行政诉讼效率问题的关键就是解决行政诉讼执行难问题，否则无法对违规上市公司形成威慑阻却作用。① 另外，对于行政诉讼机制有效性的建议主要有两点：考虑是否应当赋予证监会直接强制执行的准司法权；考虑是否能够试行执行和解制度，减小司法诉讼成本并提高效率。

民事诉讼方面集中表现为个人投资者诉讼途径不畅。"集团诉讼"是现在关于民事诉讼途径讨论最激烈的问题，由于《证券法》属于涉众性、外部性规制法律，每年因为信息披露违规、证券欺诈而遭受损失的受众牵涉到大量个人投资者，总金额虽然巨大，但是分摊到个人的损失额却并不高，对集团诉讼持肯定态度的观点认为单个投资者的诉讼途径相当困难，集团诉讼可有效减少个人投资者的诉讼成本，并且借助集体力量最大化地保证个人利益的实现。但是，通过一系列的实证分析，对"集团诉讼"的有效性学者们又得出了另一些结论：我国虽然实行以证监会的行政处罚决定为前置条件的民事诉讼程序，但是司法判决赔付率远高于实行"集团诉讼"司法程序的美国。按照香港中文大学黄辉教授的观点，美国式的集体诉讼制度存在不少弊端，不建议全盘照搬。我国民事诉讼程序不畅的主要原因不在于实体规则，而是法院的法官和相关司法人员并没有公正有效地去执行现有规则，人为因素占有很大影响，仅仅依靠制度更新并不能解决实际司法工作中的障碍。②

---

① 蔡奕. 证券市场监管执法的前沿问题研究：来自一线监管者的思考［M］. 厦门：厦门大学出版社，2015：175-183.

② 黄辉. 集团诉讼不宜全盘植入［N］. 证券时报，2014-12-13（A04）.

3. 信息披露违法成本过低

行政诉讼执行难以及民事诉讼途径不畅等问题，表明现有诉讼机制在打击证券欺诈及违法违规行为上并没有起到强大的威慑阻却作用，另外，从我国证券监管机构对上市公司违规处罚力度来看：罚款金额过小，违规惩治成本远远低于欺诈所得，欺诈还将继续。据有效数据显示，从 2014 年至 2019 年，我国上市公司违规处罚数量达 12626 起，其中未给予任何金额处罚的 4235 起，未受处罚率为 33.5%，而在具体受处罚过程中还时常"打折优惠"。① 我国证券监管机构 2014—2019 年对违规上市公司处罚力度表明，对违规公司的惩处力度并不严苛（参见图 3.7）。

2014—2019年行政处罚金额分布图

行政处罚金额	0万	1万~100万	101万~500万	501万~1000万	1000万以上
公司	4235	7876	340	50	125
个人	5690	2493	26	10	25

图 3.7 2014—2019 年中国证监会对公司与个人处罚金额的数量

综上，我国在金额处罚上相对居中，1 万~100 万元的处罚案件占总数将近一半。相比较而言，美国对违规公司的处罚力度则严格得多，证交会每年处罚金额高达数十亿美元。在对上市公司处罚上，也采取了

① 落实注册制，A 股仍需解决三大问题，金融界［EB/OL］．［2019-07-04］．http：//stock. jrj. com. cn/invest/2016/01/17105620428819. shtml.

严厉的罚金制度，使得造假公司的违规成本大大提高，一旦被发现之前所获欺诈暴利将获得惩罚。通过这种高额罚金威慑使得造假者心生恐惧。参看美国证交会近年来部分起诉案件（参见表 3.7)[①]。

表 3.7　美国证交会（SEC）近年来部分起诉案件的罚金情况

年份	公司	起诉内容	结果
2002	施乐公司	SEC 指控 1977 年至 2000 年累计虚高收入 30 亿美元，税前虚增利润 15 亿美元，之后报表重述虚构金额高达 61 亿美元，税前利润重述高达 19 亿美元	公司 2002 年被罚 1 千万美元，2003 年 6 名前高管被 SEC 起诉，和解后个人罚款总金额 2200 万美元，2005 年审计师被罚款 2247 万美元
2003	安然公司	利用账外实体隐瞒债务，SEC 指控投行们在安然财务舞弊中涉嫌协助和教唆	SEC 除了起诉安然前高管之外还起诉了相关投行，投行和 SEC 的金额总和为 4.5 亿美元，其中摩根大通 1.35 亿美元，花旗 1.01 亿美元，加拿大帝国商业银行 8 千万美元
2004	奎斯特国际通信	1999 年至 2002 年收入虚增 36 亿美元，费用低估 23 亿多美元	罚款 2.5 亿美元用来赔偿投资者，包括 CEO、CFO 和总法律顾问在内的高管也受到了 SEC 的起诉
2006	AIG 保险集团	通过虚增保险和再保险交易调节利润，2004 年报表重述净资产虚增 22.6 亿美元	和解赔偿罚金总额 8 亿美元，同时和联邦州在内的监管机构达成 8 亿多美元和解

① 数据来源：Wind 金融资讯终端 西南证券分析报告。

续表

年份	公司	起诉内容	结果
2010	高盛	与对冲基金公司勾结设计了系列担保债务凭证，在重要事实问题上隐瞒并提供虚假陈述，使投资者损失超过 10 亿美元	罚款 5.5 亿美元，是证交会金融服务公司开出的最大罚金
2011	摩根大通	J.P 摩根在房地产市场开始崩溃时，在完全抵押证券中有意误导投资者	罚款 1.536 亿美元，摩根大通同意在第二次 CDO 交易中返还投资者 0.56 亿美元
2013	摩根大通	J.P 摩根在提供房地产抵押证券时误导投资者	以 2.969 亿美元达成和解
2014	摩根士丹利	在住房抵押贷款支持证券（RMBS）方面误导投资者	罚款 2.75 亿美元
2015	黑石集团	在向投资者披露加速收费信息时没有披露与律师事务所签署的优惠协议	支付 2900 万美元补偿投资者，并处以 100 万美元罚金

　　根据表 3.7 的数据可见，美国证交会对违规公司执行高额甚至巨额的罚金制度，保证其欺诈获利与违法成本相平衡，让造假者无利可获并严格落实投资者补偿。正是由于这种严厉惩罚机制的威慑性才保证了资本市场的诚信底线和守法警觉。反观我国证券市场，由于正式执法机制的失灵和过低的违法成本，使造假者肆意妄为，同时中国证监会也难以依赖脆弱的声誉机制来约束上市公司的欺诈行径，使投资者利益得不到有效保障。因此，建议建立严格的处罚制度来提高上市公司的欺诈成本，只有使处罚金额高于欺诈获利才能有效威慑违法者，从而保护投资者利益。

本 章 小 结

本章节提出了以信息披露为中心的注册制的实施在改革过渡阶段出现的三大问题。具体从市场环境因素、监管格局因素以及配套制度因素来分析注册制下信息披露在法律适应性中所面临的集中问题和以此为契机的研究进路。

在市场环境因素方面，如何增加非理性投资者对披露信息的阅读机会是问题的集中体现。注册制对信息披露的质量提出了更高的要求。以投资者为导向的逻辑建立在有效市场假说的理论基础之上，更加侧重于高质量信息披露与理性投资者的组合。因此，通过对投资者成分量化、投资者投资意识形态、投资者信息处理能力的三方面分析，得出现阶段非理性投资者和个人投资者很难从纷繁浩杂的信息披露中找到"有效信息"并作出投资决策。但是，以自由市场原则和个体自治原则为土壤的信息披露机制来保护投资者的理论是符合逻辑的。因此我们转而对如何提高信息披露对投资者的可阅读性展开了研究，得出了以下信息披露的优化方式：（1）内容上的清晰简明；（2）披露结构转向"价值相关性"；（3）依靠外部信息整合的优化作为提升信息披露质量、增加非理性投资者"阅读的机会"的注册制下信息披露的研究进路。

在监管格局因素方面，如何从中央集权的单一监管模式过渡到兼顾效率与公平的权力制衡监管模式是问题的集中体现。在探究我国证券市场监管格局结构中，明晰了我国政府主导型监管模式的特点。通过比较美国"双重注册制"，我们发现以州层面实施审查为主的监管架构是美国联邦层面实行注册制形式审核的基础。通过有效控制股份进入投资领域来保护投资者利益是美国双重注册制背后的法律哲学。同时，由于中美所嵌入的社会网络结构差异，我国内地注册制监管的审核流程也受到了我国香港地区"双重存档制"的深厚影响。在研究中发现，我国中央集权的单一监管模式存在诸多弊端：企业首发上市审核流程效率低下，审核机构组成人员的行业属性不强，同质化严重，在审核过程中问题内容因流于形式，过于简单粗陋。因此，我们在构建注册制信息披露架构时要避免陷入核准制等于实质审核、注册制等于形式审核的二分法盲区。应当在企业首发上市流程中嵌入实质审核内容，并通过赋予交易所决定权、证监会否决权的基本权力分配模式，作为注册制监管模式的研究进路，以此来达到兼顾效率与公平的目标。

在配套制度因素方面，如何建立通畅的退市制度与有效的追责诉讼机制是问题的集中体现。通过勾画注册制在证券市场的制度链条可以看到：注册制的实施不可单兵突进，以优胜劣汰的股票高效流动性作为资本市场的良性生态空间是实施注册制的内在要求。建立通畅的退市机制是完成市场良性生态空间不可缺少的一部分，同时，建立有效的诉讼机制是打击信息披露违规、实现投资者保护的有效途径。在建立退市机制方面，国有企业所占份额过重，ST 制度缓冲作用式微，资本市场长期为国有企业融资服务的状态固化，导致退市率低下，国企地位难以撼动，解决国有企业退市是关键问题。经过数据分析，明确了以加强国有企业兼并重组、缩减数量为主，通过转板机制打通多层次资本市场融资渠道为辅的解决路径，使退市制度与国际接轨；在建立有效诉讼机制上，证券欺诈案件呈逐年上升趋势，且信息披露违规所占比重过半。以行政处罚多但执行难，民事诉讼中个人投资者诉讼途径不畅为主要问题，并综合表现为证券欺诈的违规成本过低，处罚金额不能冲抵证券欺诈获利，威慑阻却作用对造假者如隔靴搔痒。究其实质，我国长期行政契约的混合治理导致了正式执法机制的失灵，应当以强化证券执法和寻找有效民事诉讼途径为研究进路。

第四章　股票发行注册制下的信息披露规则设计

不断变革的证券发行机制体现出证券法是我国法律体系中最活跃也是更新最快的部门法律。自身成长的壮大和经济形势的变革决定了证券法律的发展必须面对不断试错的市场环境和采取应对机制。通过对信息披露结构调整和体制更新来回应跌宕起伏的市场经济变革，是证券发行体制发展、嬗变和成熟的合理变迁路径。

在本章节中，回应以信息披露为中心的注册制在过渡时期的法律适应性问题并对信息披露制度作出规则设计是本章的主要内容。通过对上一章节的分析，笔者剥离出信息披露预设需要考虑的三重规划因素：（1）信息披露的生产——信息披露成本效益分析；（2）信息披露的监管——证券竞争监管权力分配；（3）信息披露的责任——配套制度完善与违法成本的提高。通过这三个维度的重构来提升信息披露质量，兼顾注册制发行效率，提高信息披露的违法成本，抑制证券欺诈行为。

一、注册制下的信息披露规划因素

（一）信息披露的生产

信息披露的成本效益分析是研究信息披露制度的基本面问题。实践中信息披露的成本收益客观存在，理论研究观点也认同了以信息披露作为监管手段的好处以及收益应当高于成本的共识。但是，大部分的研究集中于如何使投资者更容易地去阅读披露的信息或是如何改善信息披露质量；少部分的学者潜心研究信息披露的收益是否覆盖了信息披露成本；而鲜有学者实际地去考察全面信息披露到底发挥了怎样的作用。①借助于美国芝加哥大学本·沙哈尔教授对信息披露的成本效益（Cost-Benefit Analysis，CBA）分析，我们可以更加便捷地找到问题本质。

在实践中，信息披露的效益被习惯性高估，信息披露的成本却总是能回避严格而精确的成本效益分析，这与人们对信息披露的功能忽略有很大关系。高质量的信息披露需要通过成本效益经济学的严格测算才能将法定披露内容、披露标准、披露程序精确地确定下来，而这一过程本身就耗费了大量的成本。因此，从研究信息披露的本质出发，对成本和收益的研究是对发行人披露动机和信息披露决定机理的本源性问题研究，如果信息披露的收益几近微薄，那么即使披露的成本再低，发行人也无法拥有十足的动力。既然注册制是以市场为主导，那么信息披露的目标必然从满足监管合规性转向对披露本身成本效益的衡量。因此，对信息披露成本效益的分析是注册制中信息披露规则设计的首要考虑因素。

（二）信息披露的监管

国际范围内，证券监管格局的模式大致分为三种：（1）契约监管，在完全市场化的状态下坚持依靠私人合同的法律约束来保护投资者利益，完全脱离政府监管。（2）行政监管，中央集权的单一监管模式，如我国现行以国务院证券监督管理委员为中心的高度集权监管模式。依靠政府的力量来纠正市场违规行为，用行政管制部分替代法律监

① Ben-Shahar, E. Scheider. The Futility of Cost-Benefit Analysis in Financial Disclosure Regulation [J]. Journal of Legal Studies, 2014 (43): 253-265.

管。(3)机构监管竞争体制,通过交易所、行业自律组织的市场化运作和中央到地方的监管行业内部行政治理来统筹证券市场的平衡发展。这三种监管格局的形成背后都有着不同社会网络关系的支撑,以信息披露为中心的注册制在向市场化过渡的时间段内,需要完成从"政府主导型"向"契约治理"的过渡。

2016年3月,国务院授权证监会对注册制实施过渡时期安排的内涵在于:我国资本市场存在一定的系统性风险,A股股票估值水平偏高,融资规模不理想,行政管制过多。股票异常波动现象频繁与熔断机制的昙花一现都说明了系统性风险的客观存在。现阶段的循序渐进依然以限制股票发行价格、限制发行家数为管制基础,在过渡的时间内,通过坚持市场化取向、法制化管理,以便利融资与保护投资的统筹兼顾,把握改革的节奏和力度以及市场的可承受度之间的关系,这是使得注册制着陆并彻底开放的合理途径。① 因此,对监管格局的改造是对注册制中信息披露的程序监管、内容监管、违规监管的重要考虑因素。

(三)信息披露的责任

坚持本土化的路径规划就需要以现行证券市场状况作为改革土壤。在夯实市场基础、完善配套措施的渐进式改革道路上将信息披露违规的后续监管机制建立起来。根据上一章节的论证,信息披露违规在整个证券欺诈违法行为中所占份额过半,根本原因是欺诈的违法成本过低且诉讼途径不畅。信息披露的质量提升除了自身的约束和资本市场的逐利性驱使,还需要依靠强有力的监管追责机制的约束。因此,良好的信息披露制度建立在便利融资与保护投资的两个端口上,如何保护投资,就需要相关配套机制的到位。建立通畅的退市制度,利用转板机制打通多层次资本市场体系和建立有效的诉讼制度,解决证券执法执行难问题都是

① 李迅雷. 股票下跌和注册制没关系:今年最需要关心房地产问题[EB/OL]. [2016-04-30]. http://finance.sina.com.cn/stock/marketresearch/2016-01-29/doc-ifxnzanh0353681.shtml.

对信息披露制度统筹兼顾的合理与必要考虑因素。

二、成本效益分析视角下的信息披露生产

（一）信息披露成本效益分析

1. 信息披露的决定机理

上市公司进行信息披露的直接动机是因为信息披露能够有效降低公司股权融资成本，且信息披露的质量与股权融资成本呈负相关，披露质量越高，融资成本越低。

从经济学理论层面来说，有五种不同的决定机理可以解释上市公司进行信息披露的动机：（1）资本市场交易假说。公司内部管理层与资本市场投资者固然存在信息不对称现象，投资者对不同股票信息风险的承担必然要求相应的风险回报，即股票获得更高的溢价，因此信息不对称将增加公司股权融资成本。（2）公司控制权竞争假说。为维护公司控制权，保护自身利益，以向公众披露信息作为分散责任风险的途径，将公司经营业绩不佳的原因归咎于披露信息的客观事实上，以此来减小管理压力。（3）股票报酬假说。股票流动性的提高有利于降低公司股权融资成本，为了提高公司股票流动性，管理者愿意披露更多的私有信息，并突破内部交易的限制，提升股票流动性。按照这样的逻辑，诸如在股票期权授予前，公司延迟利好消息披露，加快利空消息披露，以此来增加股票的补偿。（4）诉讼成本假说。由于负面盈利消息有可能使公司遭到诉讼，因此公司管理者有意预先披露信息以减少诉讼成本，规避责任。（5）管理才能信号假说。对公司经营业绩的信息披露有助于提高投资者对公司管理层的认可程度，那么投资者对公司的市场估值也更高。与此相反，根据专有性成本假说，一定程度上揭示公司抑制信息披露，其假设前提是信息披露具有可信度，在内部行业竞争中公司对预

期经营计划的披露将影响其竞争优势。①

总体来看，决定上市公司进行信息披露的机理存在于资本市场方方面面的因素之中，如投资者、发行人、诉讼、股票价值、竞争优势等。大部分的研究观点认同了信息披露所带来的预期收益以及降低股权融资的根本动机。但生产信息披露的过程本身也需要成本，同时相应地会产生代理成本。但这些成本的计算通常都被严重地忽略了，且信息披露所带来的预期收益建立在一条脆弱的因果链上，要提高信息披露的质量，必须正视信息披露的生产成本和代理成本。即便是对信息披露质量的优化，增加其可理解性与正确性的过程也是需要投入成本的。② 因此，我们接下来将研究信息披露的成本构成问题。

2. 信息生产成本构成

上市公司信息披露的生产成本通常由直接成本与间接成本构成，直接成本也可以理解为合规成本，是为了满足监管者审核要求而进行的有效信息组合。上市公司信息披露成本的具体构成如表4.1所示。

表4.1　　　　　**上市公司信息披露成本的具体构成**

直接成本		为准备和进行信息披露所发生的各项直接费用
间接成本	诉讼成本	公司涉及法律诉讼所发生的费用
	政治成本	国家、地方政府税款征收
	管理成本	达到信息披露预期指标的管理投资费用
	竞争成本	由于信息披露所揭露的公司投资方案而产生的竞争劣势成本

① 李忠. 中国上市公司信息披露质量研究 [M]. 北京：经济科学出版社，2012：99-101.

② Omri Ben-Shahar, Carl E. Scheider. The Futility of Cost-Benefit Analysis in Financial Disclosure Regulation [M]. Journal of Legal Studies, 2014 (43)：253-265.

如上表所示，上市公司信息披露的直接成本主要是指为准备信息披露搜集、整理材料以及为披露信息所发生的各项审计、传递信息、对信息质询进行处理和答复而产生的直接费用。这些显性成本的支出由于上市公司本身情况的不同以及受到财务制度、会计准则、公司规模、公司治理效率等影响因素而产生不同的成本花费。而上市公司信息披露所产生的间接成本包括：（1）诉讼成本，由于公司披露信息有可能遭受的诉讼风险，包括聘请律师费用、应诉答辩的时间成本，甚至是搜集证据成本费用。而这些工作大部分是私下进行，很难将它以规范的形式披露出来。（2）政治成本，因公司信息披露所产生的税款征收。（3）管理成本，又称管理者的行为约束成本，具体解释为公司为了达到信息披露的预测指标而被迫放弃远期利益，使公司长期发展遭受损失。（4）竞争劣势成本，由于信息披露的透明度要求使得行业内竞争对手利用披露信息调整自身竞争策略，或者将近期公司问题披露出来而无端扩大可内部解决问题带来的影响，以及因信息披露而一定程度上失去了与协作单位在谈判过程中讨价还价的能力，这些都是公司预期披露所带来的被动性影响。

现有信息披露的审核机制，使信息披露的生产不需要投入大量的科研经费和政府的津贴援助，这就使得信息披露看起来成本低廉甚至找不到比信息披露成本更低的替代品。且这样的规范构成使得人们对信息披露的成本架构毫无意见，大部分学者认为信息披露的生产和应用是温和无公害的。但是，美国学者沙哈尔教授认为①，信息披露制度由于与美国社会中自由市场原则和个体自治原则两种主流社会意识形态产生了共鸣，使大家认为它是一种很轻微的监管手段，并且没有堵死监管者、发行人和投资者的任何一条路，因此它在政治上获得了成功，并规避了严格的成本效益分析。一旦对信息披露中的每一个数字认真追究起来，通

---

① Omri Ben-Shahar, Carl E. Scheider. The Futility of Cost-Benefit Analysis in Financial Disclosure Regulation [J]. Journal of Legal Studies, 2014 (43): 253-265.

过严格的成本效益分析和定性定量研究来测试投资者阅读偏好和行为偏差，那么事实或许会令监管者们对信息披露的信仰产生怀疑。为了正视信息披露在成本效益分析中的关系，我们还需要了解信息披露到底做了什么。

3. 信息披露的效益

信息披露的效益，在学者们看来似乎十分广泛并且可以落实到在细节上表述出来。相比宏观层面的概括，美国学者 Durkin 和 Elliehausen 举例出其具体的正面效应（他们找到了不下 38 处信息披露之于社会层面的好处），这一长串的清单中就包括：强化竞争，驱逐高成本生产商，减少腐败、增加透明度，提升投资者决策能力，提高市场激励机制，减少无效益信息披露成本，提高投资者在存储和消费方面的权衡能力，甚至是整个社会经济的稳定。[1] 由于信息披露的效益很难用严格的成本效益分析去计算出它所带来的每一笔收益，所以信息披露的效益被越来越抽象化和条目化。研究者们通常通过"全面列举信息披露不同类型的好处而不是具体收益来说明其观点，他们认为，用这种方式，而不是直接的精算测量的理论表述，将有助于确定信息披露制度的全面效应"。[2]

国际上，根据经济学家们对上市公司信息披露质量对资本市场影响的实证研究表明，高质量的信息披露能够带来诸多效益，这一点依然可以通过清单列举来论证。但放在中国本土化语境下，实证结论却缺少了投资者以信息披露为主要参考因素的前提性基础（参见图 4.1）。

如图 4.1 所示，高质量的信息披露的效益主要在于：（1）降低公司股权融资成本。委托代理理论认为，通过规范信息披露、提高上市公

① Durkin, Thomas A., and Gregory Elliehausen. Truth in Lending: Theory, History, and a Way Forward [M]. NewYork: Oxford University Press, 2011.

② Omri Ben-Shahar, Carl E. Scheider. The Futility of Cost-Benefit Analysis in Financial Disclosure Regulation [J]. Journal of Legal Studies, 2014 (43): 253-265.

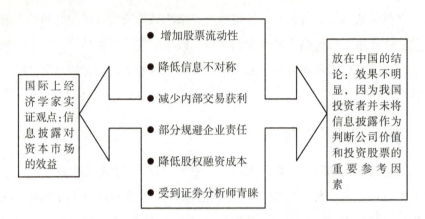

图 4.1　上市公司信息披露效益的经济学实证观点与中国的不同结论

司透明度来减少信息不对称现象，有助于减小公司代理成本，提高公司治理效率，从而提高了公司价值。另外，发行人与投资者之间信息不对称程度的缩小有效降低了股票的风险系数，使投资者对股票回报率要求减弱，从而减小了股票买卖差价，增加了股票的流动性，有利于上市公司降低股权融资成本。（2）抑制内幕交易获利，阻却信息披露违规行为。上市公司信息披露质量的提高，减小了私人信息存在的空间，使其获取难度加大，时间延长，从而时效性减弱，因此，投机人利用内幕信息获取超额利润的可能性降低。（3）受到证券分析师青睐，提高资信评级。提高信息披露质量有助于降低证券分析之间对股票预测的分歧和不确定性，因此，证券分析师和投资者对公司股票价值评价提高，股票流动性也相应提高。另外，在实证研究中发现，高质量信息披露降低公司股权融资成本与抑制内幕交易获利的结论，相较于美国而言在中国资本市场表现得并不明显。其主要原因是我国投资者并没有将信息披露质量作为判断公司价值和投资股票的重要参考因素。①

因此，虽然提高信息披露质量是完善证券发行制度的直接途径，但是只有投资者给予足够的关注，信息披露才能发挥其正面效应。且从资

① 李忠. 中国上市公司信息披露质量研究［M］. 北京：经济科学出版社，2012：68-96.

本市场任何运作机制上来看，投资者的关注度永远都是宝贵而稀缺的资源。因此建立在脆弱链条基础上的信息披露结构的重构需要得到投资者知识性的关注，这就需要将信息披露的重点转移到投资者更加青睐的"价值相关性"层面，它是联结投资者与信息披露之间的纽带。

（二）投资者决策的引导

大部分研究者认为，信息披露的好处毋庸置疑，且种类丰富，从现实层面上很难证实这些论断与实际不符。在美国学者的观点中，信仰信息披露制度的人群被称为"披露主义者"（Disclosurites），对信息披露的功能持怀疑态度的学者们致力于推翻原有披露模式，他们认为证券金融的监管不应该停留于全面信息披露阶段，这种观点被芝加哥大学沙哈尔教授称为"超越披露主义"，但先进的学术论断依然很难投射在滞后的经济市场改革之中，现阶段对信息披露的大量研究依然停留在如何提高信息披露质量，使信息披露制度引导投资者决策方面。在美国，信息规管者的态度使信息披露制度并没有完全达到其披露目标，并且没有完成金融监管的重任，需要进行改革和调整。他们所持的观点是，如果信息披露出现纰漏，问题不在于信息披露制度本身，而在于某项具体的信息披露规则需要得到矫正。因此，那些信息披露主义者致力于如何简化、提高、规则设计信息披露制度。诸如在美国《诚实信贷法》（The truth in Lengding Act-TILA）中，信息披露一般被认为是不够成功的，因为他们没有引导消费者作出理性选择。尽管如此，《诚实信贷法》在每年总结对信息披露的原则时依然表述为"诚实、直接、简单、有效、及时和重点突出"。其调整功能失职的缺点并没有影响信息披露的使用和增长，信息披露者依然相信它具有完善和提高质量的可能。① 并且，海量的信息披露使投资者的注意力无法集中，对于披露内容某一方面的专注都将使其他信息的存在价值减弱。人们并不愿意花太多时间去研究

---

① Omri Ben-Shahar, Carl E. Scheider. The Futility of Cost-Benefit Analysis in Financial Disclosure Regulation［J］. Journal of Legal Studies, 2014（43）: 253-265.

信息披露，大部分的证据还表明投资者不愿意阅读财务信息。信息披露之所以没有如想象中对投资者产生巨大决策引导力，是因为它建立在一条脆弱的因果链条之上，只有当立法者、信息披露人、信息披露对象都能熟练地扮演自己的角色时，该制度才有可能有效运行。① 因此，为了完善信息披露引导投资者决策的法律逻辑，必须着眼于信息披露的简化工程和信息传递的有效性问题上。

（三）信息披露的结构优化

通过对信息披露成本效益分析，我们发现信息披露的成本与监管机制对信息质量的要求成正相关。信息披露的效益通过经济学实证研究可以确定其具有降低公司股权融资成本、抑制内幕交易的正面效应。但是由于我国投资者并未将信息披露作为判断公司价值和进行投资判断的重要参考因素，使得以提高信息披露质量的有效成本趋于无价值。因此，注册制下对信息披露提出了更高要求。为了完善信息披露引导投资者决策的逻辑，我们需要对信息披露内容结构进行规则设计。在信息披露合规成本与收益投入上作出比例分配，并细化标准。同时兼顾投资者监管、保护、教育三方面问题，使得以信息披露保护投资者的逻辑一一成立，并发挥出最大正面性效应。

1. 内部结构设计方案

依据证券法修改草案信息披露专章，注册制下信息披露以真实、准确、完整为基本原则。② 并且强调披露内容的清晰简明、通俗易懂。这一表述照顾到了普通投资者的阅读能力，考虑到了信息与投资者有效传递的关键因素。并且通过经济学实证研究表明：在信息披露内容结构区

---

① 本·沙哈尔. 过犹不及 [M]. 陈晓芳，译. 北京：法律出版社，2015：4.
② 《证券法》修改草案第一百三十条："依法披露的信息，应当真实、准确、完整，不得有虚假记载、误导性陈述或者重大遗漏。"第一百三十五条："依法披露的信息，应当简明清晰，通俗易懂。"

分上，提供前瞻性信息（如销售、利润、资本支出的预测信息）和关键的非财务指标（如市场份额、成长性等）有利于降低企业的资本成本。股权资本成本与年报信息披露水平呈负相关，与更具及时性的其他公告信息披露水平成正相关。盈余披露质量越差的股权融资成本越高。① 这说明投资者更加关注公司价值相关性内容，应当以此为研究进路。从投资者方面来说，反向监管、权利明晰、投资者教育是引导投资者转变决策习惯以及随着时间推移阶段性成熟的合理路径。以制度设计培养投资者习惯是一个很好的解决方案（可参见图 4.2）。

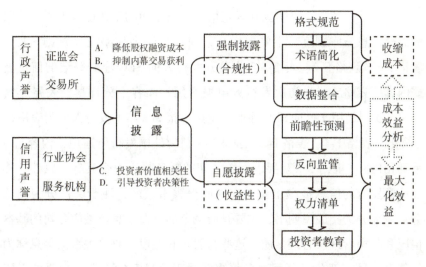

图 4.2　信息披露内容结构预设

如图所示，结构设计以披露内容"重大性"转向"价值相关性"作为过渡时期遵循的理念，以收缩合规成本到创造自愿披露内容效益最大化为转型路径。通过证监会和交易所的合规监管来提升行政声誉，但是对于现阶段不够成熟的资本市场环境来说，光靠行政声誉的约束并不

---

① 李忠. 中国上市公司信息披露质量研究［M］. 北京：经济科学出版社，2012：68-96.

能抑制上市公司信息披露违规行为，还需要依靠良好的外部测评机制，如行业协会和证券分析师等服务机构使公司在竞争中提升信用声誉，从而使投资者对公司的价值判断提升，促进股权融资。

2. 具体方案详述

在注册制中强制信息披露部分，存在两个制衡因素，一方面是满足合规性，另一方面是尽量通过有效的简化措施收缩成本。从改善信息披露内容以及提升投资者阅读的机会来看，可以通过规范格式、术语简化、数据整合计提来部分实现这一目标。具体方案如下：

在规范格式方面，美国在规范信息披露方面的工作值得借鉴。美国的综合信息披露制度，主要包括 S 系列和 F 系列表格及《规则 S-K》。表格 S-1、表格 S-2、表格 S-3 为公开发行人向 SEC 注册登记的信息披露内容。表格 S-1 为初次发行人申报所用，内容十分详尽。表格 S-2、表格 S-3 则是用于已向 SEC 注册并定期申报满 3 年的发行人，为表格 S-1 简化。表格 F-1、表格 F-2、表格 F-3 则为外国发行所适用，内容与 S 系列相仿。《规则 S-K》要求涵盖各期的财务报表内容具有一致性。美国证券发行的信息披露主要是在注册报表中披露，注册文件分为两部分：一部分为招股说明书，主要是质量上的重要信息，披露公司的基本情况和公司管理层管理素质。这些与股东收益没有直接关系的信息称为软信息；另一部分是公司财务报表，属于数量上的信息，主要披露资产、负债和利润等经营状况信息。这些信息成为硬信息，是信息披露的重点。

在术语简化方面，事实上，为了实现有效信息披露的最大化以及保护中小投资者的利益，各国证券监管机构都对信息披露要求简明清晰、通俗易懂。其内涵反映了四个基本要求，即（1）语言上：表述的语言简洁，包括适用的句式多为简单句，尽量避免复杂的套用句式，例如 SEC 关于《简明英语披露计划》（Plain English Disclosure）以及《简明英语手册：如何编写 SEC 信息披露文件》（A Plain English Handbook：

How to Create Clear SEC Disclosure Documents）和《简明英语概要》（Summary of the Plain English Rules），这一源自美国的"简明风"很快在欧洲、英国、日本、加拿大等国家和地区推广开来。（2）专业术语上：表述时对于专业术语的通俗化，尽量选择通俗的日常用语加以解释说明。（3）段落章节上：对于段落章节的简洁，避免过于拖沓和重复论述，保持整体信息的有效性。（4）格式范式上：规范格式的简化和对简化信息模式上的统一规划。总体来说在内容上达到以上四个要求可以对信息披露内容的可理解性即"简明清晰，通俗易懂"达到基本标准。而这些增强信息披露可理解性的规范，正是对普通投资者的利益保护，也是监管机构对信息披露质量上的新要求。

在数据的整合计提方面，信息披露的简化虽然目标清晰，但是简化的工作却并不简单。简化的是语言而并非思想。我们把进行信息披露简化工作的行业专家们称为"信息整合者"。他们中包括但不限于金融分析师、法学者、律师、会计师、评级机构、数据统计人员等行业精英。注册制的改革一旦实施，投资者势必需要这些证券服务机构和人员的智力支持，而这些信息整合者将汇集大量的上市公司内容并对其加以优化，进行整合。具体来看数据变量的合计，诸如一些表格数据合计成唯一的变量，那么是否可以只显示最终统计数字，投资者若有需求，再行使知情权对上市公司的财务数据提出咨询，可以将详细的财务数据内容公布在公司网络的完整版报告中。这样的表述方式符合表格浓缩要求，也方便信息披露对象查找数据。

从投资者方面来看，将信息披露理念转变为价值相关性是为了完善引导投资者决策的理论逻辑。因此通过披露公司前瞻性信息、反向监管、投资者权力清单、投资者教育这四个方面的措施来满足其信息披露价值相关性，是建立、引导并保护投资者注册制信息披露的内在要求。

在披露公司前瞻性信息方面，根据之前的经济学实证研究，在信息披露内容结构区分上，提供前瞻性信息和关键的非财务指标有利于降低企业的资本成本。股权资本成本与更具及时性的其他公告信息披露水平成正相关。借助于凯恩斯对动物精神的描述：人们主动作出的大部分决定都是有所行动而非无所作为的自发冲动。很多人并不了解他们是如何花钱的，凭借有限理性而作出的扭曲决策会阻碍他们在决策时合理运用这些信息。纵然信息披露具有一定的可启发性，但生动和令人向往的事物比单调和常规性事物更容易让人投入关注。① 因此，公司前瞻性信息披露内容注重的是提升信息披露价值相关性的关键因素。

在反向监管方面，这种分类设计的理论支撑源于美国证券法新生代法学家 Stephen Choi 的"自我裁剪式的证券监管"（Self-tailored Regulation）理论。Choi 认为证券监管应采用逆向思维，对证券市场的投资者加以监管。根据 Choi 的观点，以投资者的投资知识和成熟度为标准将其分为四类：发行人层次的投资者、金融中介层次的投资者、集合层面的投资者（aggregate-level investors）和不成熟投资者（unsophisticated investors）。同时，对投资者实行考试和许可方式，对于考试得 D 的投资者，只能进行有限的投资。根据 Choi 的设计，我们以中国市场投资者 A 股持有账户市值为分类标准，对其进行分类测评具有一定的合理性。②

在投资者权力清单方面，可在招股说明书扉页加入权利清单（参见表 4.2）。

如表 4.2 所示，上市公司披露的文件数量众多，但投资者阅读频率最多的是上市公司招股说明书，而招股说明书中的内容也十分丰富，既有公司财务信息、公司治理，又有管理层分析等，内容不一而足，其具体内容也十分繁杂。为了便于投资者了解自身拥有的权利，我们可以在招股说明书的扉页或者附录中加入一份投资者权利清单概要。

---

① 本·沙哈尔. 过犹不及 [M]. 陈晓芳，译. 北京：法律出版社，2015：118-119.

② Stephen Choi. Regulation Investors Not Issuers：A Market-Based Proposal [J]. California Law Review，2000（88）：292-293.

表4.2   **投资者权利清单概要**

××股份有限公司招股说明书之投资者权利清单

郑重承诺：公司保证招股说明书中所载资料内容、数据的真实性、准确性、完整性。同时，本公司与投资者在自身所知情范围内，将投资者之于本公司招股说明书可享权利内容示例如下：

权利	具 体 内 容
知情权	投资者享有对本公司如下知情权内容： 1. 公司财务具体相关内容：a、b、c... 2. 公司治理具体相关内容：a、b、c... 3. 公司成长性具体相关内容：a、b、c... 4. 公司重大事件具体相关内容：a、b、c... ……
调查权	1. 公司相关部门配合投资者进行与本公司如下内容有关的调查行动：财务内容、内部治理、重大事件等，调查内容权限以法律规定为准。 2. 投资者可通过下列途径采取调查行动：电话、邮件、面谈、委托专业人员等不影响公司正常运营和商业竞争的法律正规途径。 3. 投资者超出法律权限以及未经本公司允许进行的相关调查行动，本公司将保留向其追究法律责任的权利。 ……
追责权	投资者在进行调查行动后，确有发现公司招股说明书之内容有侵犯自身合法权利之事由，可通过法律规定途径向本公司或相关责任人行使追责权： 1. 追责事由：虚假陈述、误导性陈述、不正当陈述、未及时披露、未依法履行职责等。 2. 权利救济部门：行业协会、交易所调查委员会、证券监督管理机构、相关司法机构等。 3. 追责途径：和解、调解、仲裁、讼诉（若将来引入集团诉讼制度）等。 4. 法律后果：行政处罚、民事赔偿、刑事犯罪等。 ……

重要声明：本公司非财务信息预测部分仅反映本公司于招股说明书发布当日之前的判断，作为参考。不应作为不同时期公司的表现依据及法律追责事由。投资者应结合自身投资目标和财务状况进行自我判断，并自行承担风险。

在投资者教育方面，许多披露人希望通过教育来实现信息披露的目标，但是知识领域的教育投资很有可能会使社会资源捉襟见肘，并且普通投资者在金融知识方面的欠缺几乎是无可救药的。如果你不知道自己放弃的权利是什么，那么米兰达警告就毫无意义。① 许多披露信息叙述了很多盖然性知识，但是如果投资者并不清楚其意义，那么披露也是枉然。因此，在教育方面的投资应当考虑到成本与效益。为了达到最佳效果，可以从理念灌输与券商警示方面努力。诸如美国投资者金融监管保护局（Consumer Financial Protection Bureau）对投资者号召的健康激励理念一样："在你拥有之前，先了解。"② （Know before you owe）简单而积极地引导了投资者在判断公司价值和进行投资决策时应当对被投资对象有盖然性了解，并形成以信息披露作为重要参考因素的合理思维。相比我们熟悉的"股市有风险，入市需谨慎"，似乎指向性更加明确，不会让人心生恐惧。在券商警示方面，各大券商可以通过对客户推荐金融产品和服务的手机信息附加本月证监会关于上市公司信息披露违规违法处罚决定的公告，这种定期的警示作用能使投资者潜移默化地重视证券欺诈的违法性和自身财富的保护意识，从而使他们以更加谨慎和认真的态度来看待投资，而不是将证券投资与赌博游戏等同视之。

3. 方案评价

以信息披露为中心的注册制改革注定掀起披露主义者们对"信仰之海"的争鸣和博弈。我们无法对滞后的市场环境和法律制度进行"超越

---

① 米兰达警告：Miranda Warning、Miranda rights 是指美国警察（包括检察官）根据美国联邦最高法院在 1966 年米兰达诉亚利桑那州案（384 U. S. 436 (1966)）一案的判例中，最终确立的米兰达规则。在讯问刑事案件嫌疑人之前，必须对其明白无误地告知其有权援引《宪法第五修正案》，即刑事案件犯罪嫌疑人有"不被强迫自证其罪的特权"，而行使沉默权和要求得到律师协助的权利。

② Kleimann Communication Group. Know before You Owe: Evolution of the TILA-RESPA Disclosures. Report submitted to the Consumer Financial Protection Bureau.[EB/OL].[2016-05-10].http://files. consumerfinance. gov/f/201207_cfpb_report_tila-respa-testing. pdf.

披露主义"式的颠覆性改造。在政策维稳和市场系统性风险并存的现实状态下，通过改良和不断试错来达到注册制对信息披露的高要求是我们切实可行的摸索路径。然而，信息披露质量的提升是一项繁复和费时的研究工作，以市场客观环境为考量因素、以成本效益分析为研究工具的注册制信息披露研究工作依然需要不断地投入努力。举一个真实的例子来说明改良的不易：美国投资者金融保护局为了完善消费信贷披露的监管，试图简化联邦抵押贷款信息披露形式。在这项改革之前，联邦法律规定两个独立披露的贷款的形式——TILA 声明（APR）和房地产结算手续信息披露行为（诚信估计和 HUD-1 和解声明）。Dodd-Frank 法案要求将这两个混乱而零散的信息披露整合成为一份简单而有效的信息披露文件。于是，他们找到了一个专业研究公司。据相关研究人员描述，为投资者金融监管局进行信息披露简化是一个令人印象深刻的设计工作。这个专业的研究小组（Kleimann Communication Group），以社会人口统计学方法为基础，应用多个版本的披露设置来进行测试，他们运用复杂的定量研究方法，并通过一对一的访谈来测试投资者利用文献的认知过程和行为偏差，并随着定量研究时间的推移将有效结论记录下来。这一共同努力产生了一个新的独特的清晰的披露形式：以一个 3 页的披露格式取代了 7 页双重披露。该研究小组为此写了一份长达 500 页的报告来论证它们是如何进行测试以及将它设计出来的。[1] 可见，严格的信息披露改良工作需要集体的力量和智力的支持。本书在此所做的努力仅仅是从法律政策层面进行有限的研究，现阶段市场环境等因素决定了我们依然是摸着石头过河的开拓者，证监会授权交易所进行注册制改革过渡时期制度安排的决定，也正说明了我们需要时间（也许不只两年）来完成这项制度建设。

---

[1] Kleimann Communication Group. Know before You Owe：Evolution of the TILA-RESPA Disclosures. Report submitted to the Consumer Financial Protection Bureau.［EB/OL］.［2016-05-10］. http://files. consumerfinance. gov/f/201207_cfpb_report_tila-respa-testing. pdf.

三、证券竞争规则视角下的信息披露监管

在上一章节中，我们论证了我国证券发行监管格局是以中央集权单一制监管过渡到兼顾效率、公平的权力制衡监管模式。通过以交易所内部审核发行机制的流程再造和实质性审核的嵌入为基点，并赋予证监会最终否决权为具体改造途径，同时在理论层面上借鉴美国、我国香港地区的有益经验作为参考，以此来达到以信息披露为中心的注册制监管机制的完善。具体来看，国际范围内证券监管格局的模式大致分为三种：(1)契约监管，即法律监管；(2)行政监管，即依靠政府的力量来纠正市场违规行为，用行政管制部分替代法律监管；(3)机构监管竞争体制，即证券监督机构内部自上而下的监管机制。这三种监管格局形成的背后都有着不同社会网络关系的支撑。有学者认为：通过证券监督机构内部自上而下的分权监管理念而形成的差序格局，将拥有监管竞争理论所预测的优势，而且是治理当代中国金融体制弊端的一剂良方。①

现阶段，我国资本市场存在一定的系统性风险，2016年3月国务院授权证监会对注册制实施过渡时期安排的内涵在于：在过渡的两年时间内，通过坚持市场化取向、坚持法制化管理，完成证监会、交易所证券监督机构的股票上市发行监管权力分配，同时完善证券监督机构对证券交易商的监管，形成行政声誉、信用声誉的双重约束。

另外，以便利融资、保护投资的统筹兼顾理念为指导，完善信息披露违法追责机制和退市制度，是考虑到市场系统性风险客观存在和把握注册制改革节奏与市场可承受度等困难的必要保障措施，也是使得注册制稳定着陆并彻底开放的合理途径。② 因此，对监管格局的改造是对注

---

① 沈朝晖. 证券法的权力分配[M]. 北京：北京大学出版社，2016：178.

② 李迅雷. 股票下跌和注册制没关系：今年最需要关心房地产问题[EB/OL]. [2016-04-30]. 一财网：http://finance.sina.com.cn/stock/marketresearch/2016-01-29/doc-ifxnzanh0353681.shtml.

册制中信息披露的程序监管、内容监管、违规监管的三重监管预设。

（一）信息披露监管理念的确立

根据之前对社会网络分析理论的阐述，可以理解中美信息披露监管制度的客观差异化结果。正是由于政治经济体系对证券法律制度的不同程度的干预，使得我国金融监管集体呈现出行政主导型的本土化特征。为了更好地借鉴美国证券发行"双重注册制"经验，寻找本土化路径规划，我们需要对二者进行有效比较。

1. 中美监管理念的异同

美国作为联邦制国家，其证券监管理念表现为三层含义：（1）联邦政府在其权力范围内享有最高权力，但其权力范围有限；（2）美国各州的监管具有一定优势，可以内化成本和收益，最大化州内社会福利；（3）当各州之间的监管具有外部性时，联邦干预具有正当性。美国在 1996 年通过《全国市场改善法》(National Securities Markets Improvement Act of 1996, NSMIA)，对证券发行监管权力的分配结构作出了明确规范，同样也包括三层含义：（1）各州层面的"蓝天法"通过有效控制股票进入投资领域来保护投资者，主要以实质审查为主。其发源地为以农牧业为主的得克萨斯州，据称当时投机商通过兜售劣质股票而使得这一地域的得克萨斯州农户们饱受证券欺诈之苦。因此"蓝天法"发源于金融业落后的得州，以严厉的实质审核来保护金融知识匮乏的农牧场主。同样，在金融监管投资并不成熟的我国，以实质审核为主的核准制的确也在行使着与当年"蓝天法"保护农户相似的使命。（2）联邦层面的专属管辖，又称为"联邦管辖的证券"(Federal Covered Securities)，指在美国证交会注册的投资公司、在全国股票交易场所和纳斯达克上市交易的证券。（3）为了降低联邦与州之间管辖权重叠问题，对不属于"联邦专属管辖的证券"或不属于"州豁免注册范围"的证券，才进入州实质审核范围内，履行双重注册义务。因此，美国证券发行监管格局是建立在"联邦—州—行业协会"三足鼎立的基础之上。且不难看出，金融行业发展程度与监管审核严格程度呈负相关。①

我国作为单一制主权国家，在证券发行监管方面呈现出高度的中央集权单一监管模式。其内涵理解为：(1)国务院证券监督管理委员会之发行审核委员会具体负责股票上市发行。交易所负责安排上市，地方证券监督机构负责辅导企业上市。(2)证监会内部形成发行审核环节，企业排队上市按照程序节点办事，逐渐形成一套相对成熟的官僚制运作。(3)证监会享有对上市公司违规运作的直接行政处罚权，且证监会所在地北京市西城区人民法院是唯一享有行政处罚执行权的司法机关。随着时间推移，通过配额制、通道制、保荐制的制度化运作使得我国股票发行制度日益集权化和官僚化，长期的行政控制取代了法治功能正常发挥。具体来看，中美中央监督机构由于社会网络和地缘政治的差异也表现出很多方面的不同(参见表4.3)。②

通过表4.3可以看出，中美两国的中央证券监督机构在发行监管上表现出诸多差异，通过比较，我国证监会在财力、人力资源上与美国证交会相差很大，使得中国证监会高度集权的行政管制面对全国首发上市企业的需求显得不堪重负，从而导致了证监会发审委在预审和决议具体

---

①　以实质审核为主的"蓝天法"起源于金融业不发达的得克萨斯州，而形式审核为主的"联邦注册制"发端于金融业成熟的纽约证券交易所。由此可以理解金融业发展程度与监管审核严格程度呈负相关的逻辑。即金融业发展程度越低，证券监管制度越严格。

②　缪因知. 中国证券监管中的不足、成因与改进[J]. 安徽大学法律评论, 2011(2)：35-36. Jin-Wook Choi. The Limits on Regulation Policymaking：The SEC and The Securities Market 1930s-1990s[J]. The University of Chigago ，The Division of the Social science ，Department of political June science，June 2002，Phd. Dissertation，2002(6)：120-124.《国务院办公厅关于印发中国证券监督管理委员会职能配置内设机构和人员编制规定的通知》(国办发[1998]131号)。中国证监会办公厅《证监会简介》，中国证监会网站：http：//www.csrc.gov.cn/pub/newsite/bgt/jgzn/，最后登录日期：2016年5月28日。

表4.3   中美证券监管机构异同

	美国证交会	中国证监会
权力生成和运作	国会—巡回法院—公共的社会网络	
权力源头	联邦国会	国务院
财政来源	1. 国会年度拨款，申请—审查（占来源4%） 2. 证券交易费用和各项申报费（占来源65%） 3. 罚没款 PS：其他为指定用途余额（占29%）	绝大部分来源于财政预算拨款
机构主席	委员只能被国会弹劾，不因总统或国会的换届而更换	主席的产生、任命、卸任、换届等均由更高层决定，不具有明显的规律性和可预测性
司法审查	法院有权撤销、宣告无效证交会超出法律规定的抽象行政行为	我国抽象行政行为不可诉
领导模式	由5位成员（最多2名同党派）集体决策机制，任期5年，交错任期 从最有声望的律师中挑选，成员具有高度职业性和公众声誉	行政首长负责制
首发审核	让企业与投资者有效沟通，注重规则制定的成本效益分析。审核与强制信息披露使企业被市场认识得更清楚，善于利用市场的力量优胜劣汰，如果IPO中途退出，也是因为市场时机不好，或市场对企业接受度不高	申报材料不合规，或资质不符合上市门槛

工作中效率低下。从主席的产生形式和领导模式来看，行政管制主导型为其主要特征，证监会主席的任命缺少可预期性和规律性，容易出现领导政策的不连续性；从审核企业上市的理念上来看，缺少对企业成本效益分析以及对市场时机的把握，过于注重合规性而忽视了收益性，将市场机制的发挥压制于行政管制之中。

2. 注册制监管理念的过渡

经过以上比较研究，我们可以看到现存我国证券监管体制的不足：(1)集权化导致的行政审核负担过重，证监会发审会对上市企业的审核流于形式，证券执法执行困难，行政管制代替正式执法机制；(2)官僚制运作长期限制企业申报数，排队上市流程难以满足企业融资需求；(3)实质审核的管制理念使保荐人"过会"导向严重，创新型企业发展受限，忽视市场机制的引导作用。因此，以信息披露为中心的注册制改革理念将实现以下几个层面的过渡：(1)从政府主导监管过渡到市场主导型监管。在政府简政放权的政策下以市场为导向，帮助企业把握市场机遇，从而更加通畅地进入资本市场融资。(2)从行政契约混合治理过渡到法治化管理。弱化证监会行政管制，通过交易所审核权的下放来提升交易所的证券法治规范化，在竞争中形成良好的法律制度规范。(3)从为国有企业融资服务过渡到为广大中小型企业融资创新服务。建立区域性股权融资平台，通过灵活的转板机制打通多层次资本市场体系，使企业融资渠道与金融监管层级相配套，在竞争中形成良好的组织体系与法律规范，为全国性证券交易所培育优质的上市资源。(4)从满足合规性信息披露过渡到以投资者为导向型的成本效益组合披露。这就要求信息披露以价值相关性为重要参考因素，通过简化内容来收缩信息生产成本，通过增加公司自愿披露内容最大化效益。

(二) 构建证券交易所内部信息监管差序格局

为了避免这种日益集权化和官僚化的行政主导型监管模式，注册制

160

的审核机制将交由证交所完成,《证券法》一审草案明确取消了证监会发审委,转而将证券发行审核权下放到交易所完成。因此,监管的重点将落到交易所的审核监管上。那么,我们应当如何完善交易所监管下的注册制信息审批呢?从两个层面上来说,一是通过对交易所发行审核议事流程的预设来满足企业上市达到公平与效率的需求;二是建立区域性股权交易平台,形成交易所竞争模式,使交易所在市场压力下发挥优势并为沪深交易所培育优质的企业上市资源。

1. 交易所的职能

证券交易所的职能类似于跳蚤市场,简单地说,就是通过集中竞买的方式将买卖双方集结在一个以交易信息和交易标的为基础的程式化集中竞价场所里。这种中心枢纽机制满足了投资者与发行人对股权交易的高效率需求。在这个过程中,交易所通过匹配买卖指令来完成市场交易,以成交价格和成交量来体现交易所的工作绩效,整个流程其实是一个价格发现过程。

由于交易所具备集中竞价的功能,使得其存在要早于证券监督管理机构的成立。这也符合先有服务后有规范的社会发展规律。[1] 因此,交易所的主要功能还是为发行人和投资者提供组织服务,之后随着市场乱象的衍生而本能地匹配监管功能,这种功能的演化和丰富,一方面是为了服从法律的规制,可以理解为政府授权型法律监管;另一方面是为了提高以营利为目的的交易所服务质量,可以理解为交易所自律监管。我国沪深两大交易所目前的监管职能主要包括:(1)监督上市公司信息披露(《上市协议》《上市规则》);(2)监督交易所会员(《交易所章程》《会员规则》);(3)实施监督证券交易活动(《交易规则》)。

传统层面上交易所的作用包括四个方面:(1)为发行公司提供上市

---

① 方流芳. 证券交易所的法律地位:反思"与国际接轨惯例"[J]. 中国政法大学学报, 2007(1):64-74.

服务；(2)通过集中竞价减小双方的交易成本；(3)促进股票流通，增加公司股票价值；(4)通过程式化的监管维持交易秩序。因此，交易所的职能属性决定了它是以提高服务质量和降低服务成本为根本宗旨。在提供服务的同时形成交易所之间的竞争模式。理论认为，交易所只有保持充分的竞争压力，交易所的监管功能才能得到有效发挥。[1]

2. 交易所审核流程预设

注册制下交易所承担了企业发行上市的信息审核工作，通过之前的论述，我们了解到注册制并非以实质审核全无的方式进行，对于如何在形式审核中更好地嵌入实质审核，我们首先需要辨析二者的实质含义。对于实质审核的通说包含两层含义：(1)监管机关对披露信息内容的真实性进行审查；(2)监管机关对信息披露内容的投资价值作出判断。总体来说，实质审核对监管的要求很高，同时行政机关要做到这两点也非常耗费时间和精力。形式审核通说以为，它坚持市场自由贸易原则，其抛却了实质审核对信息披露内容真实性和投资价值的审核要求，只检查披露信息资料内容是否齐全，格式是否符合要求。形式审核所坚持的观点认为政府无权禁止任何一种适格股票发行，无论其质量如何。

注册制下的信息披露审核工作下放到交易所，表明了政府简政放权的趋势，而拥有审核权力的交易所将给予上市企业在信息监管上更多的市场信息，分散了市场风险集中于政府决策的弊端。而如何进行信息审核的重点是解决好实质审核与形式审核结合的问题，在政策维稳与市场风险并存的环境下注册制形式审核必须嵌入必要的实质审核问题。对于这一审核流程的再造可以具体到以下几个方面：(1)组织机构上，加强上市企业行业属性关怀。审核小组成员随机抽取行业专家，如纺织、钢铁、石油、新兴产业等领域，其审核成员对应专家的比例适当提升，同

---

① 彭冰，曹里加. 证券交易所监管功能研究：从企业组织的视角[J]. 中国法学，2005(1)：67.

时应当吸纳专业调研小组的代表，保证调研信息的完整性和真实性不被审核流程弱化。(2)议事流程上，采纳"罗伯特议事规则"的建议，审核小组主席保持中立，负责维持讨论秩序。一个时段内只讨论一个问题，避免混淆审核重点。对于会议的发言顺序采取倒序发言，没有行政职务的比有行政职务的先发言，同一岗位的成员资历最浅的先发言，避免"羊群效应"。(3)针对审核的提问，除了检查材料是否齐全和格式问题，借鉴美国"双重注册制"的实质审核标准，应当嵌入实质审核的四大问题：第一，对承销费与发行费用的限制，避免浪费投资者资金。因为承销费用越高，表明股票质量越差，因此合理规制承销费用是对投资者风险的保护。第二，对发行价格的合理性提问，股票发行价格过低会过分稀释大众资本，限制内部人不合理持有股份。第三，对公司资金分配问题，发起人的资金投入数额以及公司分红和股息股利的发放个数限制，避免公司内部滥用投资资金。第四，公司内部治理问题，股东投票权是否完整以及公司内部利益冲突的披露。这些问题的设计来源于美国州层面对发行人实质审核问题的基本标准。可以看出这些对发行人资金使用问题和利益冲突的提问能够有效地防止投资者资金稀释，对我国注册制信息审核具有重要参考作用。(4)问题审核的流程，根据之前论述，我国证券发行审核委员会由于人力、物力和精力有限，每位审核小组成员一天的阅读量是60多万字，在几轮问题的信息反馈中过于简单和流于形式。应当建立三轮问题审核时效反馈规则，每位审核成员针对发行人披露信息的"缺陷"提问，根据发行人反馈信息的质量再进行下一轮有针对性的提问，使问题有层次地导出，并且应当针对这些"缺陷"制订相应的"搁浅计划"，如中止(针对格式问题)、延长(针对材料的真实性审核)、终止(针对披露内容有实质性缺陷)。

3. 交易所信息监管竞争机制的形成

国际上通行的交易所模式分别为会员制、公司制。我国证券交易所在产权结构上既非纯粹意义的会员制，也非公司制。上海证券交易所章程将交易所定性为"会员制、非营利的事业法人"。"事业单位法人"一词来源于我国在计划经济时代向市场经济过渡过程中将"事业单位"与"法人"拼接在一起。事业单位进行工商业活动主要是履行政府计划而不是营利，因为在计划经济时代非经国家允许而从事营利活动会打破国家经济计划的平衡。① 因此，我国证券交易所在政府的高度监管下具有另类交易所不可比拟的"政府特许独占权"，而同时其弊端也是由于政府高度的监管使得证券市场风险集中于政府决策，诸如"熔断机制"的昙花一现。这种缺乏竞争机制的政府监管模式将使监管趋于过度或者缺少监管的极端。同时也压制了另类交易所的成长，使得有良好发展前景的新兴产业公司失去融资渠道。

会员制交易所的逻辑是交易所通过建立集中竞价的场所来提高证券交易的公平高效。自律监管是会员制交易所竞争的重要领域，通过自律监管获得的良好声誉，可以吸引券商缴纳高额的会员入场费来组成一个具有竞争优势的集中交易场所。由于场内会员席位有限，有资格进入交易所的会员将形成精英俱乐部，而另一方面由于自律社团的积极建设，也将吸引更多的投资者选择交易所。这就是会员制交易所的自律监管绩效。交易所的竞争中心在于提供的服务，而监管职能也是由于交易所自身在竞争中的胜出使得政府因势利导而赋予其监管职能，但会员制交易所最突出的弊端是由于内部会员制的趋利性而使得自律社团无视长期利益，很难满足证券市场的外部涉众性。

因此，能够满足证券市场外部涉众性的公司制交易所产权结构模式应运而生了。公司制交易所将投资者吸纳为公司股东，而非内部的有限会员。这时交易所的监管功能将由市场第三方履行，从而失去了内部自律监管的属性。因此公司制交易所监管的性质属于市场监管，更加满足

① 方流芳. 证券交易所的法律地位：反思"与国际接轨惯例"［J］. 中国政法大学学报，2007(1)：71.

于在竞争中不断增加成员的大型交易所。其显著优势就是适合交易所的长远发展,并且迎合了市场监管的趋势。同时,由于成员集体决策的成本提高,其最大弊端就是造成交易所效益的降低。①

综上,通过表格我们来观察证券交易所在产权结构划分上的三种模式(参见表4.4)。

在三种交易所模式中,竞争机制是进行交易所产权结构划分的最重要变量。理论认为,交易所只有在竞争的压力下才能发挥出最佳效果。

表4.4　　　　　　　证券交易所的三种产权结构模式

形式	模式	特征	组织形式	优势	弊端
会员制	自律监管	竞争弱成员少	会员缴纳会费成为交易所社团自律组织成员,通过内部会员决策管理交易所,以服务和声誉吸引投资者	灵活性成本低专业化	会员内部决策趋利化,损害长远利益
公司制	市场监管	竞争强成员多	交易所股东是投资者,有市场第三方形式监管功能	涉众性外部化规模化	集体成员决策成本上升,降低收益
事业单位	行政监管	政府主导	交易所直属于政府机构管辖,在运作和监管上遵从政府指令,是政府权力的延伸	具有另类交易所不可比拟的政府独占权	市场风险集中于政府监管,压制市场机制发挥

① 彭冰,曹里加. 证券交易所监管功能研究:从企业组织的视角[J]. 中国法学, 2005(1):62.

我国证券交易所主要以沪深两大交易所为平台。1997 年之前直接归属上海和深圳两个地方性政府领导，给当地的经济发展带来相当大的收益，1997 年之后沪深交易所划归为中国证监会统一管理。从性质上来说，沪深交易所都属于"会员制事业单位法人"，但是隶属于证监会管辖范围内，交易所恪尽政府指令使得会员制没有施展空间，券商以缴纳入场通道费成为会员，并不具有管理职能。同时沪深两大交易所在各自市场体系内不存在竞争关系，从吸纳券商入场费角度，两者还存在利益共享关系。由于我国交易所的这种行政管制，使得其一方面享受政府独占特许权，不需要为竞争而殚精竭虑，另一方面这种行政监管和现行法律框架的束缚使交易所制定新政策和提升新服务的空间动力丧失，并且权力上移证监会后会员参与交易所管理的机会所剩无几，导致内部创新动力不足，自律监管与行政监管分工不明，缺乏层次，无法有效应对市场风险。

通过对我国交易所监管现状的分析，我们发现自律监管和市场监管机制的重要性。美国纽交所作为市场化最成熟的交易所之一，其性质为"非营利公司法人"，以互利共益、自知自律、推进公平交易为宗旨。正是由于美国承认了自律监管的法律地位，才使得其在全美众多类型的交易所竞争机制中，凭借着自律监管赢得了声誉，充当着证券市场中规则制定者和争议仲裁者的角色。而美国在交易所竞争模式中演化出了一套与之相匹配的多层次交易所格局(参见图 4.3)。①

如图 4.3 所示，美国股票交易所层次分明：从电子市场、场外市场(粉单、公告板到纳斯达克全国市场)、区域性交易所再到全国性交易市场。通过场内、场外市场和全国与区域性股票交易所之间的竞争机制，各交易所不断以自律监管来提高内部声誉，吸引投资。并且在不同层次之间，发行人根据自身状况可以选择不同规模和性质的交

---

①　弗兰克·J. 琼斯. 金融市场与金融机构基础[M]. 孔爱国，等，译. 北京：机械工业出版社，2010：277.

易所来实现融资目的。这种差序格局的竞争模式使得各层次交易所为更高层次的交易所培育了成熟良好的上市资源，实现了监管竞争理论的监管绩效。

A. 全国性交易

  1. NYSE 泛欧

    a. NYSE 混合市场

    b. 群岛（Archipelago，"Area"）

B. 地区性交易所

  1. 芝加哥证券交易所（CHX）

  2. 费城证券交易所（PHLX）

  3. 波士顿证券交易所（BSE）

  4. 全国证券交易所（NSX）

  5. 太平洋交易所

C. 纳斯达克——场外市场（理论上 2006 年 6 月成为一个交易所）

  1. 纳斯达克全国市场（NNM）（并购了美国交易所 AMEX）

  2. 小盘股市场

D. 其他场外市场

  1. 公告板（Bullies）

  2. 粉单市场（Pink Sheets）

E. 交易所外市场/替补电子市场

  1. 电子通信网络（ECNs）

  2. 替补交易系统（ATS）

    c. 交叉网络

    d. 暗盘

图 4.3　美国股票交易所全景

综上，我国开展注册制信息披露审核模式的未来监管格局可以选择以沪深交易所为主，发展另类区域性股权交易所和场外市场、电子市场共存的差序竞争格局。通过交易所区分监管层次，一方面对信息披露审核以行政监管为合规标准，另一方面出于自身利益和服务竞争的压力，对自身市场体系内的上市公司展开侧重市场风险的信息披露动态监管。以提高注册制下信息披露质量为目标，不断形成法律规则和市场监管机制，发挥出交易所的创新潜力和市场效应，为多层次资本市场不断输送优质的上市资源。

　　总体来看，多层次资本市场下的交易所差序竞争格局的形成具有以下作用：（1）区域性与全国交易所的差序格局，是政府监管竞争理论和多样化监管政策的具体实施场所，并且证券市场内部的分层建设不会引起地方权力的再分配；（2）有利于全国、区域性交易所竞争，形成有效的信息反馈和自动纠正机制；（3）企业根据规模和融资需求，以公司注册登记地为连接点，选择最适合自身情况的证券监管体制，实现融资权利；（4）通过不同层次的交易所竞争，形成法律规范和市场自律监管机制，通过区域性股权交易所为全国证券交易所培育良好的上市资源。例如，美国区域性股权市场一直都是全国证券交易所上市资源的后备支持，一只股票在"粉单市场"交易，达到一定成交量后转板进入美国交易所，资质最优的进入纽交所，大多数股票的成功轨迹都是按照这样一个逻辑运转着。而在日本，区域性股权交易所大多是为中小企业实现融资目标，分别有不同的公司制（名古屋证券交易所）、会员制（福冈、札幌证券交易所），而东京证券交易所（公司制）是日本全国性供大企业上市的股权融资平台。这样的差序格局在证券市场发达的美国和日本市场得到了实践检测。①

四、社会网络分析理论视角下的信息披露责任

　　根据之前对注册制下信息披露配套机制的研究进路总结，我国证券

---

　　①　沈朝晖. 证券法的权力分配［M］. 北京：北京大学出版社，2016：213.

市场因信息披露违法违规的证券欺诈现象不断出现，因退市制度缺位和投资者有效诉讼机制的不完善，注册制改革面临着体系建设的适应性障碍。为了加强信息披露事中、事后的后续监管，我们论证了高质量的注册制信息披露制度改革需要通畅的退市制度和有效的诉讼机制的具体制度铺垫。从这两方面来看：（1）退市制度是信息披露法律适应性研究的后续着陆点，是使注册制实现股票优胜劣汰的基本保证。在退市制度中对因信息披露违法而退市的上市公司监管和上市公司退市专项披露机制是退市制度之于信息披露监管的两个主要改革内容。（2）有效诉讼机制是打击信息披露违规、实现投资者保护的重要途径。其现实障碍表现为证券执法执行难，集体呈现出信息披露违法成本过低的状态。因此对于证券欺诈诉讼机制的完善，经过前述论证，以解决证券执法执行难和提高信息披露违法成本为主要改革内容。

（一）强化因信息披露违规而退市的专项机制

信息监管下的退市制度，需要把握好两个重点：一是上市公司因信息披露违法而退市的监管；另一个是退市公司专项信息披露机制。退市制度的配套效应在于使注册制下信息披露机制建立在便利融资和保护投资的两端平衡之间，以股票优胜劣汰的市场选择机制为基础，打通后续多层子资本市场的转板途径。因此退市制度的建立就是法律规范对注册制信息披露加强事中、事后监管的回应。

1. 公司因信息披露重大违法强制退市制度

通过之前论证，我国退市制度的总体状况呈现出两大特征：（1）退市率低。其根本原因是由于资本市场服务于国企融资的渠道固化使国有企业退市难；（2）退市后转板机制不完备。信息披露违规状况居高不下，资本市场健康状况堪忧，退市制度之后企业融资渠道需要拓展。因此，针对这些问题总结出相对应的研究路径：（1）通过鼓励和加强国有企业兼并重组，整合国企数量，来缩减国有企业在主板市场的数额；(2)针对国有企业的内部产权结构和企业规模，利用灵活的转板机制，为各类规模企业和各类中央或地方属性的国有企业找到合适股权融资平台，这样就给予了"交易所差序竞争监管理论"以实践土壤，并打通多层子资本市场体系，使各类企业找到适合自身发展和监管模式的融资平台。

而深入探讨上市公司因信息披露违规的退市规则制定，需要了解信息披露监管与退市制度之间的内在联系。为什么信息披露内容重大违法应该退市？其内在法律逻辑在于，从证券市场肇生之初，便是强调自我约束、诚信为本的场所，其繁荣的根源不在于管制，而在于信用。① 金融监管手段再高明，也难以抑制资本运作内在的贪欲。

之前提到上市公司在准入机制上的信息审核标准：披露内容格式问题——中止注册、内容真实性问题——延长注册、内容具有实质性缺陷——终止注册。因此，在退出机制上我们依然需要统一判断标准，建立严格的信息披露违法惩处机制，其研究的线索在于信息披露内容的"重大违法性"引发退市机制的开启。2014 年 11 月，证监会实施《关于改革完善并严格实施上市公司退市制度的若干意见》(本节以下简称"意见")规定了公司因重大违法而强制退市规则，其中公司重大违法包括上市公司因信息披露文件存在虚假记载、误导性陈述或者遗漏受到行政处罚，并因违法行为性质恶劣构成违法行为，或者因涉嫌欺诈发行罪，涉嫌违规披露、不披露重要信息罪被依法移送公安机关，在证监会作出行政处罚决定或者移送之日起一年内，交易所应当作出终止上市决定。② 2015 年 3 月，珠海市博元股份有限公司是第一家因重大信息披露违法而退市的上市公司，ST 博元因涉嫌违规披露、不披露重要信息

① 蔡奕. 证券市场监管执法问题研究：来自一线监管者的思考[M]. 厦门：厦门大学出版社，2015：5.

② 中国证券监督管理委员会第 107 号令《关于改革完善并严格实施上市公司退市制度的若干意见》实施重大违法公司强制退市制度：对欺诈发行公司、重大信息披露违法公司实施暂停上市制度。

罪和伪造、变造金融票证罪，被证监会移送公安机关，2015 年 5 月 28 日其股票暂停上市。这标志着因信息披露违法而承担重罚法律责任的退市制度的形成，其作用一方面是警示上市公司提高信息披露质量，另一方面是为注册制实施提供配套制度环境，将不符合信息披露要求的上市公司清理出资本市场。因此，通过要求上市公司进行披露、明确信息披露格式范围、对信息披露违法行为进行严惩来形成一套以信息披露为中心的注册制法律制度链条，坚持这项以市场化、法制化为取向的法律规则的实施将使注册制下退市制度趋于常态化，这样就解决了之前提到的我国证券市场退市率极低的问题。有相当数量的上市公司信息披露重大违法，就有相当数量的上市公司因其行为而终止上市。只要严格地按照这样的法律规则去执行，那么投资者的利益必然得到最有效的保护。因此证监会"意见"和"ST 博元退市"对于注册制改革中退市制度配套机制的完善具有里程碑式的意义。

2. 退市专项披露机制

公司因重大信息披露违法而强制退市的制度建立为注册制下信息披露事中、事后监管的强化提供了切实可行的依据。同时，2015 年 11 月证监会对于上市公司年度报告信息披露内容与格式准则进行了合并修订，其中引入了"退市公司专项披露机制"，其内容包括：公司应在年报中体现出主动退市、重大违法强制退市、公司相关主体股份限制减持、退市整理期等信息。其表述原则按照内容重要性分别体现在年报正文、摘要和退市情况专项披露中。① "退市公司专项披露机制"的建立依然是对信息披露事中、事后监管的有力补充，其背后的信息披露理念是以投资者导向性为基础，通过专项披露来引导投资者决策，是信息披露决策有用性的体现之一。

---

① 张金松. 信息披露制度已走在通往注册制的大陆上［N］. 中国证券报，2015-11-18（A04）.

简要总结，这些新制度的建立为信息披露监管提供了制度支持，具有良好的设计思路和可操作性，而其严格的执行则是落实改革的关键。继而，这个道理延伸到证券执法的诉讼机制上同样适用。

(二)提高信息披露违规诉讼机制的执法绩效

1. 行政诉讼问题解决方案

我国证券执法中，行政处罚案件占比最多且运用频率最高。根据之前的论述，行政诉讼的现实困难表现为"处罚多、执行难"问题。具体问题在于中国证监会是唯一拥有行政处罚决定权的行政机构，每年作出行政处罚的案件通过现行的司法程序只能申请原告所在地基层人民法院强制执行，即中国证监会所在地的北京市西城区基层人民法院。形成这种局面的司法层面原因是中国证监会并不具有如海关、税务机关同样的准司法权能，证券监督管理机构系统内部没有可以行使强制执行权的部门。因此，正当的法律制裁得不到有效执行是行政诉讼最大的难题。我们也可以参照之前面对公司因信息披露重大违法而强制退市的理解一样，行政诉讼的难题依然是这种"设计良好，执行担忧"的客观情况。通过分析，对行政诉讼在司法成本、执行效率和职能健全方面的有效建议可以概括为三方面：(1)建立行政和解制度，被处罚对象上市公司作出相应补救措施，经过及时的沟通和调解使受损面最小化，并在和解达成之后以专项信息披露的形式体现在公司年报的正文、摘要或专项披露信息中，证监会同时公布行政处罚与和解执行情况，接受公众监督并减小司法成本。(2)赋予证券监督管理机构自上而下的准司法权能，在证券监督机构内部成立专门的执行机构，分担法院的执行负担，提高证券行政处罚的执行效率，这样可以强化证监会系统内的后续监管职能，并与交易所形成相互照应的平行管辖。(3)证监会系统内部的分权管辖，从中央到地方的系统内部监管执行职能分担，一是可以避免中央到地方政府的权力再分配，二是这种分配执行权提高了监管执行效率，摆脱了司法程序的束缚，有效地解决了行政诉讼"处罚多、执行难"的局面。因此，从程序上赋予证监会内部准司法权和从程度上前置行政和解制度都是解决现行行政诉讼执行问题的有效建议。

2. 民事诉讼问题解决方案

注册制下信息披露制度建立的配套民事诉讼可研究范围将设定在现行法律制度框架下，以《最高人民法院关于审理证券市场因虚假陈述引发的民事赔偿案件的若干规定》为法律根据，将民事诉讼与信息披露违法内在联系区间限定在我国实际可操作的受案范围内——虚假陈述，并进一步限缩在针对上市公司相关行为所提起的侵权之诉。①

关于此类以进行虚假陈述的上市公司为被告，牵涉一定数量的"相同利害关系"的原告诉讼，在实施注册制的不同国家和地区分别采用了不同的民事诉讼模式：(1)美国的集团诉讼模式；(2)日本的选定代表人模式；(3)我国台湾地区的特定组织诉讼②；(4)德国的团体诉讼。其中，以美国的集团诉讼作为我国证券欺诈民事诉讼制度改革的争论最为激烈。美国集团诉讼以"声明退出"(opt-out)规则③为核心，这种机制有利于维持诉讼规模并增加与涉诉公司的谈判筹码，而将群体诉讼的优势发挥出来，并使美国的集团诉讼区分于其他国家。但是，美国的集团诉讼肇始于证券诉讼急速扩张的高压下，内部也存在着诸多弊端：(1)对于集团诉讼内部成员自身情况差异化的处理不够科学和公平。(2)集团诉讼没有形成法院统一的裁判标准，州法院集体呈现原告

---

① 郭雳. 证券集团诉讼的功用与借鉴[M]//吴志攀，白建军. 弱冠临风. 上海：上海三联书店，2013：166.

② 王文宇. 台湾地区资产证券化法治与案例评析[M]//金融法苑. 北京：中国金融出版社，2005(11)：87.

③ 该条文是美国集团诉讼的核心规则，集团诉讼成员在规定时间明确表示不参与诉讼的，可于诉讼时效期内到有管辖权法院自行起诉，不分享集团诉讼获得的赔偿或承担集团诉讼所涉义务；没有明确表示退出的成员自动成为集团成员，诉讼效力范围涵盖其每一成员。

倾向，而联邦层面倾向于被告公司。这种情况直接形成了律师通过选择法院所在地而规避利害关系的局面。(3)由于成员众多，个案间有意义的连接点被忽视，和解动机被不当强化，使美国宪法中的程序正当原则效力减弱。(4)集团内部小额多数成员往往被集团代表操控，使得成员规模的概念成为诉讼代表谋取私利的谈判筹码，小额多数成员的监督动力和行动困境并未消除。① (5)集团诉讼中的利益谋私导致的扰诉(strike suit)、滥诉(frivolous suit)将投资者保护的作用推向反面。②

　　我国证券欺诈民事诉讼以证监会行政处罚作为民事诉讼前置程序的诉讼形式。在实体规则上这种前置程序的性质是法院借助证监会对证券违法行为进行专业认定。由于国有企业在上市公司中所占比重过半，且这些上市公司具有政治地缘优势，很多是当地的支柱产业和利税大户。因此，导致民事诉讼效果不彰的客观原因是法院在现实中没有公正、有效地执行这些规则。通过学者的实证分析③，我国民事诉讼在实体规则和诉讼形式上并无不妥的原因有三点：(1)证券虚假陈述民事诉讼提起率为25.7%，在前置条件下，提起的数量还有很大上升空间；(2)我国证券民事侵权诉讼的赔付率远高于美国，并且前置条件解决了诉讼过程中很难处理的法律问题和举证问题；(3)对于"前置条件的限制"符合美国在集团诉讼领域的改革方向。因此我们没有必要再回过头来重走美国式集团诉讼的弯路。因此，我国证券欺诈民事侵权诉讼可完善的方面可以总结为：(1)鉴于民事诉讼提起率上升空间大的客观情况，应逐步扩大诉讼提起前置条件的处罚类型和范围；(2)我国现行的诉讼机制不存在实质问题，并且美国的集团诉讼

---

　　① 郭雳. 证券集团诉讼的功用与借鉴[M]//吴志攀，白建军. 弱冠临风. 上海：上海三联书店，2013：169. 如美国佛罗里达州棕榈滩县、得克萨斯州杰弗逊县等，它们被戏称为对集团诉讼具有磁石吸引力或神奇的法院(magnet or magic courts).

　　② Stephen Choi. Fraud in the New-Issues Market：Empirical Evidence on Securities Class Actions[J]. Pennsylvania Law Review, 1996(144)：903-979.

　　③ 黄辉. 集团诉讼不宜全盘植入[N]. 证券时报, 2014-12-13(A04).

在实践中存在诸多弊端，无须全盘植入；（3）设计良好，执行担忧。法院应在实践中公正有效地执行规则。

3. 提高证券欺诈违法成本

我国证券执法的乏力一方面与现行诉讼机制的执行力较弱有关，另一方面由于证券欺诈的处罚金额过低，违法成本并未涵盖违法获利导致投机者愿意触犯法律警戒线。2014年至今，我国证监会行政处罚委公布的行政处罚案例与处罚金额的数据统计分析参见图4.4。①

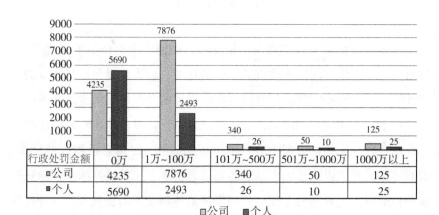

图 4.4　2014—2019 年行政处罚金额分布情况

根据图 4.4 显示，2014 年至 2019 年，我国证监会共处理案件 20870 件，在行政处罚案件罚金比例分布中，处罚金额在 1 万~100 万元的案件 10369 起，占总数的 49.7%；处罚金额为 101 万~500 万元的案件 366 起，占总比 1.7%；处罚金额为 501 万~1000 万的案件 60 起，

① 数据来源：笔者根据中国证监会行政处罚委公布的 2014 年至 2016 年 6 月的《行政处罚决定书》与《市场禁入决定书》处罚决定书内容整理而来，手工整理，全样本。备注：若一个案件中同时有没收违法所得与行政罚金处罚项，两项金额分别计算。

占比 0.2%；而比重最多的处罚金额分布在 1 万～100 万元内，共 10369 起，占总数的 49.7%；而 1000 万元以上的案件共计 150 起，占比 0.7%。通过实证分析结果可以得出，与美国证监会公布的巨额罚金相比，我国对违法成本的罚金制度还处在初级阶段，对违规者的威慑力实如隔靴搔痒，进而提高信息披露违规的违法成本，对罚金制度的计算重新设计，是最有效的现实途径。如果违法的成本过低，那么违法还将继续。

本 章 小 结

本章节对股票发行注册制中信息披露的制度设计作出了合理规划。针对第三章节提到的信息披露关于市场环境、监管格局和配套制度的适应性问题，我们将它列为信息披露制度设计的合理规划因素，并根据当下资本市场现实状况相应地拓展了研究进路，通过功能比较和经济利害研究的路径，来描绘未来中国资本市场注册制下的信息披露改革模式：宏观层面的预想以泼墨山水画般的粗线条把握了三重设计维度；微观层面的打磨以工笔素描的考究精神勾勒出具体制度下的繁枝末节。并把这些思路观点借由较为严谨的社会科学分析导出。

在基本层面的信息披露成本效益分析中，借助美国芝加哥大学本·沙哈尔教授关于信息披露的成本效益分析（Cost-Benefit Analysis，CBA），并融合了五条经济学原理：(1)资本市场交易假说；(2)公司控制权竞争假说；(3)股票报酬假说；(4)诉讼成本假说；(5)管理才能信号假说等理论，来说明信息披露的决定机理与成本效益密切相关。进而，又对信息披露的成本构成进行了梳理并将其划分为两大部分：直接成本和间接成本，其中间接成本包括诉讼成本、政治成本、管理成本和竞争成本。而在研究信息披露成本构成的同时，我们发现现行的信息披露审核机制并没有耗费发行人大量的研究经费和政府的津贴援助，这样就使得信息披露显得成本低廉并且在构成上不失违和感。但这种生产模式并不符合注册制对信息披露的高质量要求，并且没有将眼光拉长到研究信息披露到底做了什么。因此，通过对信息披露的效益分析并结合经济学实证研究观点得出信息披露从宏观层面对资本市场产生了六重效益：(1)增加股票流动性；(2)降低信息不对称现象；(3)减少内部交易获利；(4)部分规避企业责任；(5)降低股权融资成本；(6)获得证券分析师青睐。但是由于中国证券市场投资者的结构构成以中小投资者为主，且中小投资者并没有将信息披露作为进行投资判断的重要考虑因素，使得信息披露的正面性效应发挥失去前提性基础。进而得出信息披露引导投资者决策的逻辑是成立的，它符合当下政策维稳和市场风险并存的客观情况，也符合了市场自由原则和个体自治原则的内在倾向。但是正面效应的发挥关键在于投资者对信息披露的接受程度，强化逻辑成立的节点在于通过提高信息披露质量来增加普通投资者"阅读的机会"。因此，借助经济学、法学等社会科学分析导出了注册制下信息披露的内容设计方案：首先，在强制信息披露的合规性方面通过格式规范、术语简化、数据整合等手段来缩减信息披露成本。其次，根据投资者导向型理念，在自愿信息披露内容上提供更多前瞻性预测信息、投资者反向监管、投资者权利清单和新概念投资者教育来满足信息披露之于投资者的价值相关性，并最大化披露效益。最后，通过不断提高信息披露质量来赢得证监会、交易所的行政声誉以及行业协会、证券服务机构的信用声誉，从而达到注册制对信息披露的高质量要求。

在制度层面的信息披露监管格局分析中，我国证券发行监管格局是以中央集权单一制监管过渡到兼顾效率、公平的权力制衡监管模式为特征。在国际范围内，信息披露监管模式主要包括三种：(1)契约监管，即法律监管；(2)行政监管，部分替代法律机制失灵；(3)机构监管竞争体制，证券监督机构内部的自上而下差序竞争格局。并且，通过分析认为，开展证券监督机构内部自上而下的差序竞争格局将拥有监管竞争理论所预测的优势，是治理当代中国金融体制弊端的一剂良方。现阶段，我国资本市场存在一定的系统性风险并且证监会内部股票发行信息披露审核机制行政化管制过强，官僚制运作使得市场机制被压制、中介机构"过会"导向严重、交易所和地方证监局职能削弱、行政管制成为法律机制失灵的代替。通过比较分析中美信息披露监管格局差异，发现美国证交会在人力、财力上都优于我国中央证券监督管理委员会，美国证交会内部管理机制注重专业人士选拔和轮换机制，并且联邦层面的形式审查也充满了大量针对信息披露实质"缺陷"的问询流程。美国实行联邦层面的形式审核以州层面的实质审核为基础，这才是美国双重注册制背后的法律哲学。根据这一观察得出现行信息披露建设的四重监管理念过渡：(1)从政府主导型监管过渡到市场主导型监管；(2)从行政契约混合治理过渡到法治化管理；(3)从为国有企业融资服务过渡到为广大中小型企业融资创新服务；(4)从满足合规性信息披露过渡到以投资者为导向型的成本效益组合披露。同时，以信息披露为中心的注册制将企业上市发行的审核权下放到交易所，进而需要寻找我国交易所对信息披露监管的本土化路径规划和监管模式。经过对国际范围内交易所职能、审核机制和监管模式的比较分析，我们得出交易所的职能在于：(1)为发行公司提供上市服务；(2)通过集中竞价减小了双方的交易成本；(3)促进股票流通，增加公司股票价值；(4)通过程式化的监管维持交易秩序。交易所信息审核的流程再造的有效建议为：(1)提升专业知识储备，关注企业行业属性；(2)在议事流程上以"逆序发言"和"集中讨论"的"罗伯特议事规则"为参照标准，提高议事效率和决策水平；(3)审核内容中的信息反馈机制中要嵌入实质审核属性，并示例四种实质标准，旨在控制劣质股票进入投资领域；(4)审核效率上通过制定信息审核"搁浅计划"来区分不同性质信息披露的审批进程。最后，对三种交易所产权结构性质进行比较研究，并总结出会员制交易所、公司制交易所、事业单位法人交易所三者各自的优劣性和适应特征。并且认为交易所只有依靠竞争模式区分自律监管和行政监管才能不断强化职能，迎合市场化监管趋势。因此，通过建立另类区域性股权交易所形成全国范围内交易所差序格局的竞争模式，将拥有竞争监管理论所预测的优势：(1)区域性与全国交易所的差序格局，是政府监管竞争理论和多样化监管政策的具体实施场所，并且证券市场内部的分层建设不会引起地方权力的再分配；(2)有利于全国、区域性交易所竞争，形成有效的信息反馈和自动纠正机制；(3)企业根据规模和融资需求，以公司注册登记地为连接点，选择最适合自身情况的证券监管体制，实现融资权利；(4)通过不同层次的交易所竞争，形成法律规范和市场自律监管机制，通过区域性股权交易所为全国证券交易所培育良好的上市资源。

在体系层面的信息披露配套制度分析中，明确了注册制下信息披露的改革关键在于过渡时期如何过渡，如果信息披露违法成本过低，那么欺诈还将继续。配套制度的建立将为信息披露过渡时期作出合理安排，并确保注册制改革安全着陆。通过对注册制法律制度链条的梳理，发现退市制度与证券欺诈诉讼制度是保障信息披露事中、事后监管的重要配套机制。退市制度是信息披露法律适应性研究的后续着陆点，是使注册制实现股票优胜劣汰的基本保证。有效诉讼机制是打击信息披露违规、实现投资者保护的重要途径。信息监管下的退市制度，其配套效应在于使注册制下信息披露机制建立在便利融资和保护投资的两端平衡之间，具体来说，有两个现实规制途径：(1)上市公司因信息披露违法而退市的监管。其作用一方面是警示上市公司提高信息披露质量，另一方面是将不符合信息披露要求的上市公司清理出资本市场。因此，形成一套以信息披露为中心的注册制法律制度链条，解决了我国证券市场退市率极低的问题，使注册制下退市制度趋于常态化，有多少上市公司信息披露重大违法，就有多少上市公司因其行为而终止上市，投资者的利益因此而得到有效的保护。(2)退市公司专项信息披露制度。其内容包括：公司应在年报中体现因主动退市、重大违法强制退市、公司相关主体股份限制减持、退市整理期等信息。其表述原则按照内容重要性分别体现在年报正文、摘要和退市情况专项披露中。通过专项披露来引导投资者决策是信息披露决策有用性的体现之一。在诉讼机制方面，为因上市公司虚假陈述而遭受损失的行政诉讼和侵权民事诉讼提供了有效解决方案：(1)关于行政诉讼，其症结表现为"处罚多、执行难"，中国证监会是唯一拥有行政处罚决定权的行政机构，每年作出行政处罚的案件通过现行的司法程序只能申请原告所在地基层人民法院强制执行，即由中国证监会所在地的北京市西城区基层人民法院执行。通过分析，对行政诉讼在司法成本、执行效率和职能健全方面的有效建议可以概括为：从程序上赋予证监会内部准司法权和从程度上前置行政和解制度都是解决现行行政诉讼执行问题的有效方案。(2)关于民事诉讼，通过比较分析美国集体诉讼制度的优势和弊端，发现我国民事诉讼前置程序在实体规则和程序设计上并无不妥，没有获得良好效果的原因是占据上市公司大部分数额的国有企业通常是地方政府的支柱产业和利税大户，当地的法院并没有严格公正地去执行法律法规，主观造成投资者利益保护不障。因此，对因公司虚假陈述而产生的投资者侵权民事诉讼的有效建议为：(1)鉴于民事诉讼提起率上升空间大的客观情况，应逐步扩大诉讼提起前置条件的处罚类型和范围。(2)我国现行的诉讼机制不存在实质问题，并且美国的集团诉讼在实践中存在诸多弊端，无须全盘照搬。(3)设计良好，执行担忧。法院应在实践中公正有效地执行法律法规。

结　　语

　　我国资本市场是伴随着社会主义市场经济体制的建立和完善逐步发展起来的，法治强则市场兴。只有运用法治的思维和手段，才能保障市场的长远发展和繁荣。妥善安排过渡时期制度建构、保障投资者利益、实现有效监管是股票发行注册制改革的重要目标。提高信息披露质量、有针对性地逐步完善信息披露规则体系是注册制改革的关键环节。从法学理论层面来看，以信息披露为中心的股票发行注册制改革并非监管方式的简单变化，其意义在于证券市场监管理念和监管权力再分配的基础性转变。因此，以信息披露为中心的股票发行注册制改革应注重过渡时期的法律适应性问题。

　　通过对信息披露形成规则与股票发行注册制监管机制进行理论观察和实证分析，发现信息披露的法律问题主要体现在资本市场投资者环境、信息监管权力分配与信息披露配套制度三个方面，具体而言：

　　在市场环境因素方面，如何提高非理性投资者对信息披露的决策能力是问题的集中体现。通过量化分析，发现我国以中小投资者为主的市场环境缺乏高素质的信息决策受众。以行为经济学为视角，投资者的非理性投资意识形态和薄弱的信息阅读能力都影响了"信息披露引导投资者决策"的理论逻辑的适用。因此，问题之一为如何构建投资者导向型信息披露的研究进路。

　　在信息披露监管格局方面，如何从证监会单一监管模式过渡到以权力制衡为基础的信息监管格局为问题的集中体现。从比较法的视角出发，通过还原域外法制全貌，发现美国双重注册制建立在"联邦—州—行业自律组织"三足鼎立的监管架构之上，联邦层面的注册制形式审核以美国各州的实质审核为基础。而我国在信息监管权力分配上的中央高度集权单一制监管难以完全抛弃实质审核，简单地适用信息披露形式审核方式且逐渐固化的行政监管压制了法律机制与市场化功能的发挥，使信息监管缺乏效率与权力制衡。因此，问题之二为如何构建以信息监管权力制衡为基础的研究进路。

在信息披露配套制度方面，如何建立通常的退市制度与高效的诉讼机制是问题的集中体现。与注册制国家相比，我国上市公司退市率极低，不利于注册制对上市公司优胜劣汰的制度运作要求。同时，经过实证分析，近年我国信息披露违规案件呈逐年上升趋势，行政诉讼处罚多但执行难，投资者民事诉讼途径不畅以及刑事处罚金额过低等客观情况使得我国信息披露违规执法效能偏低。因此，问题之三为如何完善注册制下信息披露的配套制度，提高信息披露违规成本。

根据以上对注册制下信息披露法律问题的综合考量，并通过比较法与实证研究路径的分析，逐渐形成了注册制下信息披露规则设计的理论思路。借助严谨的社会科学分析将这些理论预设一分为三，以信息披露的生产、信息披露的监管和信息披露的责任为基础分析导出：

其一，从成本效益理论视角出发，信息披露的生产应兼顾发行人披露成本与信息披露市场效益。通过优化信息披露内容结构，简化强制披露内容，强化自愿信息披露内容等具体方式，来解决我国资本市场环境中投资者非理性行为强烈与信息决策能力薄弱的问题。同时，优化信息披露结构，促进资本市场股权融资，亦满足注册制下信息披露的市场化导向。

其二，从证券交易竞争规则视角出发，信息披露的监管应确立多层次证券交易竞争理念。注册制下证券交易所将承担信息披露审核的主要职能。在证券监管系统内部，通过构建证券交易所自上而下的信息监管差序格局，扩充法律监管与自律监管功能，培养良好的上市资源，能够实现以权力制衡为基础的信息监管权力分配格局，并在竞争机制的压力下使证券交易所充分发挥其正面效应，完成注册制下证券监管理念与信息监管权力再分配的基础性转变。

其三，从社会网络分析理论视角出发，鉴于我国上市公司的特殊治理结构和信息披露违法状况，注册制下信息披露责任的执法效能亟待提高。通过强化因信息披露违规而退市的专项机制，可以为注册制下的配套退市制度找到理论出口。通过丰富行政执法手段、严格执行民事法律规则、提高信息披露违规处罚金额等方式，来强化信息披露事中、事后监管，并提高信息披露违规诉讼机制的执法绩效。

综上，从不同的理论角度，运用不同的法学研究方法对注册制下信息披露的法律规则进行完善，可以发现信息披露在注册制改革过渡时期的发展规律，即股票发行注册制的实施和信息披露监管模式的选择是依靠社会主义市场经济体制的发展程度逐步实现的。运用法治的思维与方式不断提高信息披露质量、构建多元竞争机制、强化证券执法绩效，并注重总结过渡时期信息披露实践，是坚持市场化、法制化改革思路的重要尝试，使以信息披露为中心的股票发行注册制改革顺利实施。

参 考 文 献

一、中文文献

(一)专著类

[1]叶林. 证券法[M]. 北京：中国人民大学出版社，2013.

[2]范健，王建文. 证券法[M]. 北京：法律出版社，2010.

[3]朱锦清. 证券法学[M]. 北京：北京大学出版社，2013.

[4]王保树，王文宇. 公司法理论与实践[M]. 北京：法律出版社，2010.

[5]赖英照. 股市游戏规则：最新证券交易法解析[M]. 北京：中国政法大学出版社，2006.

[6]中国证券监督管理委员会. 美国《1933年证券法》及相关证券交易委员会规则与规章(中英对照本)[M]. 北京：法律出版社，2015.

[7]吴志攀，白建军. 弱冠临风：北京大学金融法，20周年纪念文集[M]. 上海：上海三联书店，2013.

[8]张五常. 经济解释[M]. 北京：中信出版社，2014.

[9]费孝通. 乡土中国[M]. 北京：北京大学出版社，1998.

[10]张五常. 伟大的黄昏[M]. 香港：花千树出版社，2003.

[11]胡继之. 海外主要证券市场发行制度[M]. 北京：中国金融出版社，2001.

[12]邓峰. 普通公司法[M]. 北京：中国人民大学出版社，2009.

[13]蒋大兴. 公司法的观念与解释[M]. 北京：法律出版社，2010.

[14]沈朝晖. 证券法的权力分配[M]. 北京：北京大学出版社，2016.

[15]陆一. 闲不住的手[M]. 北京：中信出版社，2008.

[16]唐应茂. 登陆华尔街：中国企业美国上市操作读本[M]. 北京：中国法治出版社，2010.

[17]曹荣湘. 强制披露与证券立法[M]. 北京：社会科学出版社，2005.

[18]陈岱松. 证券上市监管法律制度国际比较研究[M]. 北京：法律出版社，2009.

[19]郭峰. 证券法评论：2015 年卷[M]. 北京：中国法制出版社，2015.

[20]周友苏. 新证券法论[M]. 北京：法律出版社，2007.

[21]冯果. 证券法[M]. 武汉：武汉大学出版社，2014.

[22]何美欢. 公众公司及其股权证券：上册[M]. 北京：北京大学出版社，1999.

[23]蔡奕. 十字路口的中国证券法：中国证券市场法制新问题研究[M]. 北京：人民法院出版社，2009.

[24]郭莉，巴曙松. 香港证券市场全透视[M]. 北京：中信出版社，2009.

[25]蔡奕. 证券市场监管执法的前沿问题研究：来自一线监管者的思考[M]. 厦门：厦门大学出版社，2015.

[26]谭立. 证券信息披露法律理论研究[M]. 北京：中国检察出版社，2009.

[27]王京，滕必焱. 证券法比较研究[M]. 北京：中国人民公安大学出版社，2004.

[28]朱伟一. 美国证券法判例和解析[M]. 北京：中国政法大学出版社，2013.

[29]黄振中. 美国证券法上的民事责任与民事诉讼[M]. 北京：法律出

版社，2003.

[30]齐斌.证券市场信息披露法律监管[M].北京：法律出版社，2000.

[31]翁晓健.证券市场虚假陈述民事责任研究：美国证券法经验的反思
与借鉴[M].上海：上海社会科学出版社，2011.

[32]刘新民.中国证券法精要原理与案例[M].北京：北京大学出版
社，2013.

[33]罗培新.最新证券法解读[M].北京：北京大学出版社，2006.

[34]赵立新，黄燕铭.构建以投资者需求为导向的上市公司信息披露体
系[M].北京：中国金融出版社，2013.

[35]李忠.中国上市公司信息披露质量研究[M].北京：经济科学出版
社，2012.

[36]白建军.法律实证研究方法[M].北京：北京大学出版社，2014.

[37]R.基钦，N.J.泰勒.人文地理学研究方法[M].北京：商务印书
馆，2006.

[38]王连洲，李诚.风风雨雨证券法[M].上海：上海三联书店，2000.

[39]王石，缪川.道路与梦想：我与万科20年[M].北京：中信出版
社，2006.

[40]中国证监会信息中心.上市公司行业分类手册[M].上海：百家出
版社，2001.

[41]中国证监会.中国上市公司发展报告[R].北京：中国经济出版
社，2009.

[42]中国证监会.中国资本市场发展报告[R].北京：中国金融出版
社，2008.

(二)译著类

[1][美]路易斯·罗斯，乔尔·塞利格曼.美国证券监管法基础[M].张
路，译.北京：法律出版社，2006.

[2][美]路易斯·罗斯.美国1933年证券法[M].张路，译.北京：法

律出版社，2006.

[3][美]路易斯·罗斯. 美国1934年证券交易法[M]. 张路，译. 北京：
法律出版社，2006.

[4][美]托马斯·李·哈森. 证券法[M]. 张学安，译. 北京：中国政法
大学出版社，2003.

[5][美]帕米尔特，A.R. 证券法（ASPEN释例系列）[M]. 徐颖，周浩，
于猛，译. 北京：中国方正出版社，2003.

[6][美]乔尔·塞利格曼. 华尔街的变迁：证券交易委员会及现代公司
融资制度演进[M]. 徐亚萍，译. 北京：中国财政经济出版
社，2009.

[7][美]塔玛·佛兰科. 证券化：美国结构融资的法律制度[M]. 潘攀，
译. 北京：法律出版社，2009.

[8][美]本·沙哈尔. 过犹不及[M]. 陈晓芳，译. 北京：法律出版
社，2015.

[9][美]罗纳德·D. 约克奇. SPSS其实很简单[M]. 刘超，吴铮，译.
北京：中国人民大学出版社，2010.

[10][美]W. 菲利普斯. 夏夫利. 政治科学研究方法[M]. 李继光，译.
上海：上海世纪出版集团，2012.

[11][德]柯武刚，史漫飞. 制度经济学：社会秩序与公共政策[M]. 韩
朝华，译. 北京：商务印书馆，2000.

[12][德]卡尔·拉伦茨. 法学方法论[M]. 陈爱娥，译. 北京：商务印
书馆，2003.

[13][德]马克斯·韦伯. 论经济与社会中的法律[M]. 张乃根，译. 北
京：中国大百科全书出版社，1998.

[14][德]马克斯·韦伯. 经济行动与社会团体[M]. 康乐，等，译. 桂
林：广西师范大学出版社，2004.

[15][德]马克斯·韦伯. 经济与社会[M]. 林荣远，译. 北京：商务印
书馆，1997.

[16] [美]阿克洛夫，席勒. 动物精神[M]. 黄志强，等，译. 北京：中信出版社，2012.

[17] [美]弗里曼. 社会网络分析发展史[M]. 张文宏，等，译. 北京：中国人民大学出版社，2010.

[18] [美]戴维·米勒. 布莱克维尔政治学百科全书[M]. 北京：中国政法大学出版社，1992.

[19] [美]约翰·S. 戈登. 伟大的博弈：华尔街金融帝国的崛起（1653—2004）[M]. 祁斌，译. 北京：中信出版社，2005.

[20] [美]罗伯特. 罗伯特议事规则：10 版[M]. 袁天鹏，孙涤，译. 北京：中信出版社，2009.

[21] [美]托马斯·库恩. 科学革命的结构[M]. 金吾伦，胡新和，译. 北京：北京大学出版社，2014.

[22] [英]福布斯. 行为金融[M]. 孔东民，译. 北京：机械工业出版社，2011.

[23] [美]格雷佛. 真正的联邦主义[M]. 王冬芳，译. 西安：陕西人民出版社，2011.

[24] [美]拉里·哈里斯. 监管下的交易所[M]. 上海证券交易所，译. 北京：中信出版社，2010.

[25] [美]米歇尔·佛勒里耶. 一本书读懂投资银行[M]. 朱凯誉，译. 北京：中信出版社，2010.

[26] [法]马太·杜甘. 国家的比较：为什么比较，如何比较，拿什么比较[M]. 文强，译. 北京：社会科学文献出版社，2010.

[27] [美]丹尼尔·F. 史普博. 管制与市场[M]. 余晖，等，译. 上海：格致出版社，2008.

[28] [美]安德烈·施莱佛. 掠夺之手：政府病及其治疗[M]. 赵红军，译. 北京：中信出版社，2004.

[29] [日]青木昌彦. 我的履历书：人生中的"越境博弈"[M]. 赵银花，译. 北京：中信出版社，2009.

[30][美]哈威尔·E. 杰克逊，小爱德华·L. 西蒙斯. 金融监管[M].
吴志攀，等，译. 北京：中国政法大学出版社，2003.

(三)中文论文类

[1]郭峰. 证券市场虚假陈述及其民事赔偿责任[J]. 法学家，2003(2).

[2]朱林. 证券发行注册制：制度机理、实践与建议[J]. 证券法苑，
2015(14).

[3]弗郎切斯科·帕里西，弗农·史密斯. 非理性行为的法和经济
学[J]. 比较，2005(21).

[4]彭冰，曹里加. 证券交易所监管功能研究：从企业组织的视角[J].
中国法学，2005(1).

[5]白重恩，刘俏，陆洲，等. 中国上市公司治理结构的实证研究[J].
经济研究，2005(2).

[6]卡塔琳娜·皮斯托，徐成钢. 转轨经济中证券市场的治理：来自中
国的经验[J]. 比较，2003(19).

[7]方流芳. 证券交易所的法律地位：反思"与国际接轨惯例"[J]. 中国
政法大学学报，2007(1).

[8]王文宇. 台湾地区资产证券化法治与案例评析[J]. 金融法苑，中国
金融出社，2005(11).

[9]邓可助，庚宗利. 我国证监会法律地位研究[J]. 行政与法，
2009(6).

[10]张守文. 贯通中国经济法学发展的经脉：以分配为视角[J]. 政法论
坛，2009(11).

[11]蒋大兴. 谁需要证券交易所：中国证交所上市主体/产品的结构性
改革[J]. 证券法苑，2010(3).

[12]刘燊. 多层次资本市场上市公司转板机制研究[J]. 证券法苑，
2011(5).

[13]洪艳蓉. 美国证券交易委员会行政执法机制研究[J]. 比较法研究，

2009(1).

[14]汪闻生.罗伯特议事规则[J].上海人大, 2010(2).

[15]张千帆.中央与地方关系的法制化：以中央与地方的监管分权为考察[J].求是学刊, 2010(1).

[16]白建军.大数据对法学研究的些许影响[J].中外法学, 2015(1).

[17]程茂军, 徐聪.投资者导向信息披露制度的法理与逻辑[J].证券市场导报, 2015(11).

二、外文文献

(一)著作类

[1]John C. Coffee, Joel Seligman and Hillary. A Sale, Securities Regulation [M]. Tenth Edition, Foundation Press, 2007.

[2]Tomas Lee Hazen. The Law of Securites Regulation[M]. West Publishing Co. , 2009.

[3]Adam C. Pritchard. Markets as Monitors：A Proposal to replace Class Actions with Exchanges as Securities Fraud Enforces [M]. Oxford：Oxford University Press, 2007.

[4]Alain Degenne, Michel Forse. Introducing Social Networks[M]. Harvard University Press, 2002.

[5]Brian J. Wilder. The Securities and Exchange Commission：Background, Issues, Bibliography[M]. Novinka publisher, 2003.

[6]Henry M. Robert. Robert's Rules of Order[M]. Persrus Publisher, 2010.

(二)英文论文

[1]Melanie B. Leslie. The Wisdom of Crows：Groupthink and Nonprofit Governance[J]. Florida Law Review, 2010(62).

[2]J. Stigler. Public Regulation of the Securities Markets [J]. Journal of

Business, 1964(37).

[3]J. Benston. Required Disclosure and the Stock Market: An Evaluation of the Securities Exchange Act of 1934[J]. American Economic Review, 1973(63).

[4] Ben-Shahar, E. Scheider. The Futility of Cost-Benefit Analysis in Financial Disclosure Regulation [J]. Journal of Legal Studies, 2014(43).

[5]Lior Jacob Strahilevitz. A Social Networks Theroy of Privacy[J]. Chicago Law Review, 2005(72).

[6] Stephen Choi. Regulation Investors Not Issuers: A Market-Based Proposal[J]. California Law Review, 2000(88).

[7] G. Mahoney. The Exchange as Regulator[J]. Virginia Law Review, 1997(83).

[8]S. Myers, N. Majluf. Corporate Financing and Investment Decisions when Firms Have Information that Investors Do not have [J]. Journal of Financial Economics, 1984(2).

[9]M. Welker. Disclosure Policy, Information Asymmetry, and Liquiduty in Equity Markets[J]. Contemporary Accounting Reaserch, 1995(11).

[10] F. Noe. Voluntary Disclosure and Insider Transactions[J]. Journal of Accounting and Economics, 1999(27).

[11]J. Skinner. Why Firms Voluntarily Disclose Bad News[J]. Journal of Accounting Research, 1994(36).

[12]A. Shleifer, R. Vishny. Large Shareholders and Control[J]. Journal of political Economy, 1986(3).

[13]E. Verrecchia. Discretionary Disclosure[J]. Journal of Accounting and Economics, 1983(5).

[14]S. Singhvi. An American Analysis of the Qu ality of Corporate Financial Disclosure[J]. The Accounting Review, 1971(1).

[15] C. Jensen, H. Meckling. Theory of The Firm: Managerial Behavior, Agency Costs and Ownership Structure [J]. Journal of Financial Economics, 1976(3).

[16] W. Leftwich, L, Watts, L. Zimmerman. Voluntary Corporate Disclosure: the Case of Interim Reporting [J]. Journal of Accounting Research, 1981(19).

[17] B. Greenwald, E. Stiglitz. Asymmetric Information and the New Theory of the Firm: Financial Constrains and Risk Behavor [J]. American Economic Review, 1990(80).

[18] E. Fama. The Behavior of Stock Market Prices [J]. Journal of Busines, 1965(2).

[19] J. Chnoi, T. Guzman. Portable Reciprocity: Rethinking the Internatinal Reach of Securities Regulation [J]. California Law Review, 1998(71).

[20] Romano. A Market Approach to Securities Regulation [J]. Yale Law Review, 1998(107).

[21] Adam C. Pritchard. Markets as Monitors: A Proposal to Replace Class Action with Exchange as Securities Fraud Enforcers [J]. Virginia Law Review, 1997(85).

[22] Paul G. Mahoney. The Exchange as Regulator [J]. Virginia Law Review, 1997(83).

[23] Robert A. Prentice. Whither Securities Regulation? Some Behavioral Observation Regarding Proposals for its future [J]. Duke Law Review, 2002(51).

[24] Robin Huihang. Regulation of Securities Offerings in China: Reconsidering the Merit Review Element in light of the global finacial Crisis [J]. Hong Kong Law Journal, 2011(267).

[25] Ben-Shahar, E. Scheider. The Futility of Cost-Benefit Analysis in Financial Disclosure Regulation [J]. Journal of Legal Studies,

2014(43).

[26]Stephen Choi. Regulation Investors Not Issuers：A Market-Based Proposal[J]. California Law Review，2000(88).

[27]James D. Cox. Regulatory Duopoly in U. S. Securities Markets [J]. Columbia Law Review，1999(99).

[28] Guanghua Yu. The political Logic of Securigties Regulation in China[J]. China Law，2009(76).

[29]Joseph P. H，T. J. Wong. Politically Connected CEOs, Corporate Governance，and Post-IPO Performance of China's Newly Partially Privatized Firms[J]. Journal of Financial Economics ，2007(84).

[30]Li Wen Lin and Curtis J. Milhaupt. We are the (National) Champions：Understanding the Mechanisms of State Capitalism in China [J]. Standford Law Review，2013(65).

三、学位论文

[1]傅穹. 重思公司资本制原理[D]. 北京：中国政法大学，2003.

[2]于永宁. 后危机时代的金融监管变革之道[D]. 吉林：吉林大学，2010.

[3]Jin-Wook Choi. The Limits on Regulation Policymaking：The SEC and The Securities Market 1930s-1990s[D]. The University of Chigago，The Division of the Social science，Department of political June science，June 2002，Phd. Dissertation.

[4]凌艳平. 基于博弈论的上市公司虚假信息披露研究[D]. 长沙：湖南大学，2010.

[5]王志朔. 证券发行审核实证研究：以法经济学为视角[D]. 上海：华东政法大学，2011.

四、报纸文献

[1]马朝阳. 国外股票发行制度中的承与销[N]. 中国证券报, 2004-08-27(3).

[2]朱伟一. 注册制与核准制[N]. 新民周刊, 2015-05-16(8).

[3]黄辉. 集团诉讼不宜全盘植入[N]. 证券时报, 2014-12-13(A04).

[4]张金松. 信息披露制度已走在通往注册制的大陆上[N]. 中国证券报, 2015-11-18(A04).

五、电子文献

[1]香港证券及期货事务检察委员会[EB/OL]. http：//www. sfc. hk/web/doc/TC/research/research/rs%20paper%2033%20(chi). pdf.

[2]Adam Smith. Of the Degrees of the Different Passions Which Are Consistent with Proprirty Introduction of the Theroy of Moral Sentiments [EB/OL]. Archive：https：//www. marxists. org/reference/archive/smith-adam/works/moral/.

[3]中国证券业电子化信息披露智能支撑平台[EB/OL]. http：//www. sse. tech/wiki/service：techmag：201206_007：06.

[4]美国的发行与上市审核制度[EB/OL]. http：//www. csrc. gov. cn/pub/newsite/ztzl/xgfxtzgg/xgfxbjcl/201307/t20130703_230242. html.

[5]新股发行体制改革"发审委制度的历史和作用"[EB/OL]. http：//www. csrc. gov. cn/pub/newsite/ztzl/xgfxtzgg/xgfxbjcl/201307/t20130703_230246. html.

[6]股票发行制度改革[EB/OL]. http：//www. reeclub. com. cn/trends. html? s＝scyj.

[7]新股发行制度改革中对发行人信息披露要求主要内容[EB/OL]. http：//www. csrc. gov. cn/pub/newsite/ztzl/xgfxtzgg/xgfxxxfg/201307/t20130701_230060. html.

［8］新股发行制度改革中对信息披露监管和责任的相关规定［EB/OL］. http：//www. csrc. gov. cn/pub/newsite/ztzl/xgfxtzgg/xgfxxxfg/201307/t20130701_230057. html.

［9］美国新股发行制度改革：JOBS 法案的主要内容［EB/OL］. http：//www. csrc. gov. cn/pub/newsite/ztzl/yjbg/201406/t20140610 _ 255815. html.

［10］庄心一. 推动投资者导向型信息披露［EB/OL］. http：//www. yicai. com/news/2014/11/4035435. html.

［11］西南证券策略点评报告：注册制如何实施？博元退市或是信号［EB/OL］. http：//data. eastmoney. com/report/20160325/cl, APPH32wXHPIxReport. html.

［12］落实注册制，A 股仍需解决三大问题［EB/OL］. http：//stock. jrj. com. cn/invest/2016/01/17105620428819. shtml.

［13］股票下跌和注册制没关系：今年最需要关心房地产问题［EB/OL］. http：//finance. sina. com. cn/stock/marketresearch/2016-01-29/doc-ifxnzanh0353681. shtml.

［14］Kleimann Communication Group. Know before You Owe：Evolution of the TILA-RESPA Disclosures［EB/OL］. Report submitted to the Consumer Financial Protection Bureau. http：//files. consumer-finance. gov/f/201207_cfpb_report_tila-respa-testing. pdf.